岳奎 臧志◎主编

改变中国的真理力量

中国出版集团
研究出版社

图书在版编目 (CIP) 数据

改变中国的真理力量. 第二季 / 岳奎，臧志主编. — 北京 : 研究出版社，2024. 8. -- ISBN 978-7-5199-1695-4

Ⅰ. D61

中国国家版本馆CIP数据核字第2024N32G83号

出 品 人：陈建军
出版统筹：丁　波
图书策划：寇颖丹
责任编辑：范存刚　寇颖丹

改变中国的真理力量 第二季

GAIBIAN ZHONGGUO DE ZHENLI LILIANG DI ER JI

岳 奎　臧 志　主编

研究出版社 出版发行

（100006　北京市东城区灯市口大街100号华腾商务楼）

北京新华印刷有限公司印刷　新华书店经销

2024年8月第1版　2024年8月第1次印刷

开本：710毫米 × 1000毫米　1/16　印张：14.25

字数：175千字

ISBN 978-7-5199-1695-4　定价：72.00元

电话（010）64217619　64217652（发行部）

党的创新理论“飞入寻常百姓家”的有益尝试

湖北广播电视台党委书记、台长　王　彬

党的二十大报告明确提出了以中国式现代化全面推进中华民族伟大复兴的任务。2022年10月，我们台推出《改变中国的真理力量》第一季，当时引起了较大的反响。2023年《改变中国的真理力量》第二季节目紧扣习近平总书记高度关注的5个方面问题，以湖北的独特探索和实践为基础，通过一个个故事的讲述呈现出湖北在中国式现代化实践中的创新和探索，生动展现创新理论的真理力量，实现了理论节目的又一次新跃升。我们创办这个节目的初衷是让创新理论“飞入寻常百姓家”，节目主要有以下几个特点。

一是以故事讲道理，用事实讲真理。通过讲故事的方法讲道理对电视媒体来说本身就是一个难点。在创作第一期节目时，时任省委常委、省委宣传部部长的许正中同志指出，我们做节目不能仅仅灌理论，而应通过逐个故事的讲述，让观众从中悟出道理，感悟到真理的力量。只有将理论节目办得有趣、好看，让观众喜欢，才能达到理论节目的传播目的。

二是化抽象为具体，以共鸣传递温度。真理不仅仅是理论观点的表述，更是思想和智慧的结晶。《改变中国的真理力量》成功将抽象的理论理念转化为具体形态，通过真实故事和鲜活人物，使观众能够身临其境，感同身受，从而更好地理解和领悟到真理的力量。这种方式让真理不再仅仅是一种概念，而成为触手可及的力量，激发了人们对真理的热情追求。每位在节目中登场的鲜活人物都是中国力量的生动代表，他们的坚韧不拔、不懈奋斗以及辛苦探索令人钦佩。正是因为如此，观众才能够对他们的故事产生共情，并对真理产生共鸣。

三是形式服务内容，创新印证真理。改变意味着进步和发展。这正是习近平新时代中国特色社会主义思想的核心要义，也是《改变中国的真理力量》的内在诉求。节目以其创新的表达方式和多元互动模式，成功呈现了湖北改革的巨大变化，深刻展示了习近平新时代中国特色社会主义思想的实践伟力。在表达方式上，节目既有总结式和数据式回顾，也通过“角度降维”和叙事拆分进行微观表述。既有湖北成就经验的宏观描摹，也有微观世界、人情故事的细节刻画。在互动模式上，节目通过邀请专家学者、科研工作者、普通群众、高校大学生、网民等不同群体的互动交流，打开了深入理解习近平新时代中国特色社会主义思想科学真理性的思想之门，为观众提供了多层面、宽领域的观点和见解。在互动模式方面，制作团队采取了一系列精心策划的举措，旨在让观众更深入地理解习近平新时代中国特色社会主义思想的科学性、真理性。专家学者深刻阐释习近平新时代中国特色社会主义思想，有助于观众更好地理解这一思想的科学性和真理性。科研工作者则通过分享自己在实际研究项目中对这一思想的运用和验证，将抽象理念转化为实际行动，让观众更好地理解创新思想的实践价值。高校大学生和网民的参与为节目注入了年轻活力，为观众提供了多层面、宽领域的观点和见解。普通群众作为湖北改革发展的亲历者，更容易引发观众的情感共鸣。改变是一个永恒的话题，而真理则是指引前行的明灯。

在《改变中国的真理力量》节目中，真理与改变相互交织，形成一种强大的力量。湖北的故事告诉我们，只有坚守真理，不断改变，才能走向更美好的未来。节目以中国话语展现了充满权威依据和底气的理论观点和核心观念，将互动思考和价值融入到思政内容的传播中，让观众更加坚定地相信，因为有真理之光和改变之力，中国梦终将会变为现实。《改变中国的真理力量》节目的创作是湖北广播电视台勇担使命，不断推动理论“飞入寻常百姓家”，以及通过描述湖北变化，展示党的创新理论实践伟力的一种尝试。

目 录

第1篇

乡村振兴
——中国式现代化的湖北探索

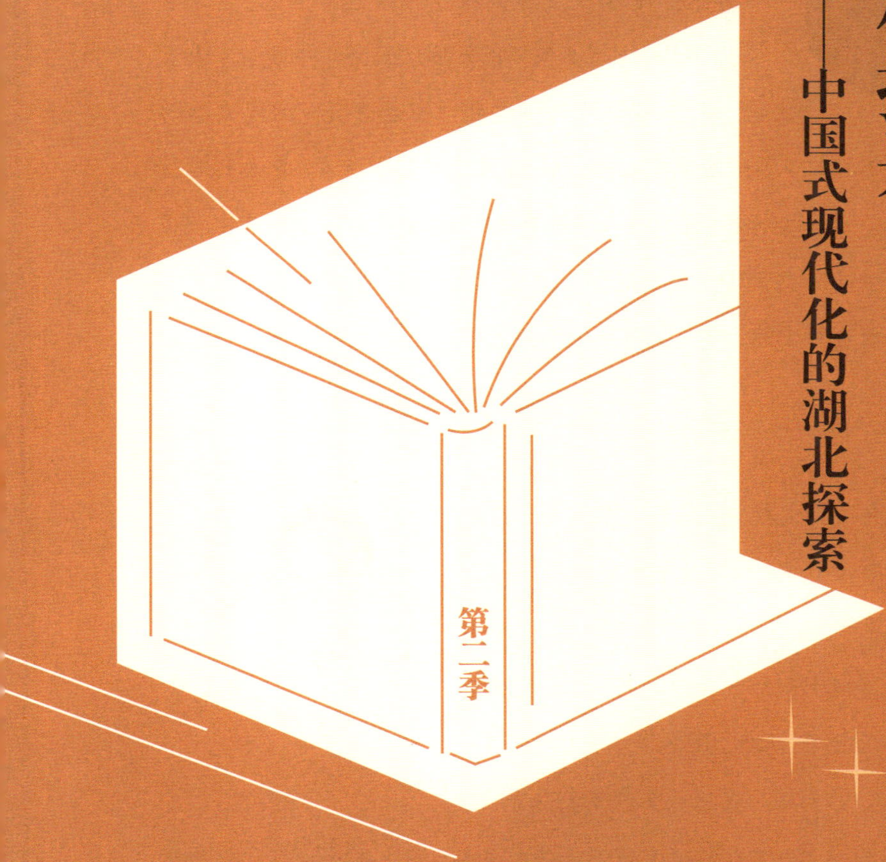

嘉宾介绍

张维为，复旦大学特聘教授、复旦大学中国研究院院长、博士生导师、国家高端智库理事会理事、上海春秋发展战略研究院理事长、《东方学刊》主编，被《光明日报》评为2016年中国智库十大人物。中国道路、中国模式和中国话语研究的代表性人物，海内外有影响力的中国政治学者之一。曾任牛津大学访问学者、意大利博科尼大学访问教授、日内瓦外交与国际关系学院教授、日内瓦大学亚洲研究中心高级研究员、清华大学公共管理学院特聘研究员、复旦大学人文学院和国务学院兼任教授、上海社会科学院世界中国学研究所所长。

储峰，中共中央党校（国家行政学院）报刊社编审、创新工程首席专家、学习时报社经济社会部负责人，研究生导师，敬业奉献类“北京榜样”，原系中央军委后勤保障部副师级政治教官。获得各种奖励30多项，荣立过三等功，获全国首届党员教育培训创新教材奖、第六届马克思主义研究优秀成果奖、全军院校育才奖银奖、全军政治理论研究优秀成果奖、湖北省社科期刊优秀文章一等奖等。2018年以“党的理论政策的传播者”获评“北京榜样”，2019年其榜样事迹被中国文明网和学习强国转发推介。

谭文，湖北省随州市随县人。现为随县谭种田养殖家庭农场农场主，随县洪山镇湘楚农作物种植专业合作社法人代表。曾先后辗转广东、上海等省市务工。2016年一次偶然返回家乡时，看到田间地头长满野草，良田被撂荒，决定扎根乡村，流转土地近千亩。经过几年的发展，他管理的农田已经形成了田间管理耕种丰收全过程的机械化作业，机械化程度达到了90%以上。他学会了操作各种农机，在忙完自己田间的事情后，还为周边农户提供社会化服务。他的创业事迹被《随州日报》、随州新闻、湖北新闻等多次报道。2023年获得“扎根随县 我为先”先进青年荣誉称号。

焦宪，中共党员，现任湖北省恩施土家族苗族自治州咸丰县唐崖镇彭家沟村党支部书记、村委会主任。第十四届全国人大代表，湖北省第十二次党代会代表，恩施州第九届人大代表。曾荣获“全国优秀城乡社区工作者”“湖北省脱贫攻坚先进个人”“恩施州优秀共产党员”“恩施楷模”等荣誉称号。上任后，全村村民人均纯收入从十几年前的不足2000元，增加到2020年的3.5万余元，村集体经济每年增收在20万元以上。

黄艳峰，中共党员，现任湖北省随州市广水市广水街道办事处驼子村党支部书记、村委会主任，湖北省第十四届人大代表。1996年12月入伍，2001年12月退伍，2018年返乡担任驼子村党支部书记。2021年8月成立广水市驼子村乡村合作公司——广水市鑫农共富运营管理有限公司。公司坚持以专业化合作、社会化服务、产业化经营为主要表现形式的主体之间融合发展，建立健全联农带农机制。经过不断创新发展，目前合作公司主要经营蔬菜大棚、粮油种植、莲藕种植、王鸽养殖、农机服务、育秧工厂、瓜菜连作、劳务服务等八大产业。截至2022年底，累计营收1074.8万元、净利润213.7万元。2023年2月黄艳峰被评为随州市乡村振兴先进个人，2023年2月被湖北省推荐为全国农业农村劳动模范。

引子

在全面建设社会主义现代化国家进程中，如何坚持农业农村优先发展、城乡融合发展、畅通城乡要素流动，实现工业化、信息化、城镇化、农业现代化同步发展，是地方各级党委、政府所面临的重大课题。湖北省高度重视乡村振兴工作，牢牢把握乡村振兴这个“三农”工作重心，大力推进农业农村现代化，在巩固拓展脱贫攻坚成果、加快推进农业产业化、持续深化农村改革、加强乡村建设和乡村治理等方面探索出了具有典型示范意义的发展路径。

本集内容

陈铭：

今天我们要聊的主题是：乡村振兴。习近平总书记在党的二十大报告中强调：全面建设社会主义现代化国家，最艰巨最繁重的任务仍然在农村。坚持农业农村优先发展，坚持城乡融合发展，畅通城乡要素流动。加快建设农业强国，扎实推动乡村产业、人才、文化、生态、组织振兴。

农业发展最重要的是人，是紧跟时代的人，是不断成长的“农民”。在中国种养环境发生质的变化的当下，“新农人”的概念就横空出世了。今天我们就先来听听一位“新农人”的故事。

谭文：

大家好，我叫谭文，我来自随州市随县洪山镇。我哥哥谭武在山林养鸡，让荒山变“金山”，我种地，让荒田变“良田”，我们是镇上有名的文武兄弟，但乡亲们更喜欢叫我“谭种田”！

18岁时，大家都觉得干农业的都是面朝黄土背朝天，没人想碰，所以我也跟随“打工潮”南下“淘金”，听说现在很多年轻人都想要“走出半生，归来仍是少年”，而我“走了一半，还是想回家种田”。我回乡流转了村里1000多亩农田，下定决心要种出点儿名堂来。

2017年，就在我把农田理顺了坐等收获时，随县遭遇了百年难遇的连阴雨，稻田里成熟的稻谷倒了一大片，我住在铁皮房顶的房间里，每天晚上都能听到雨打铁皮的声音，这雨不仅淋倒了稻苗，也熄灭了我的热情，让我彻夜难眠。

有一天晚上，我实在忍不了了，开门冲进地里，开始抢收。为什么是晚上？——天黑，我看不见，也就不那么心疼了。但看着200多亩地绝收，80多万（元）亏损的“战绩”，我感觉天都要塌了。

好在天无绝人之路，镇上的王书记找到我，和我讲明了如今“新农人”的贷款政策好，利率低。我开始参加县农业局组织的培训，学习了新技术，也结识了一群在家做农业的朋友。这给了我重新振作的信心：“就算砸锅卖铁也要把农业坚持下去！”

第二年，我决定用这最后一笔“救命钱”重新开始。我发现现代农业，光靠人力是不行的。一直都是“设备控”的我，狠下心，一口气买了大型农机设备十多套，在农业科技的帮助下，我们“新农人”再也不是面朝黄土背朝天的“泥巴人”了！有了科技的加持，种田的效率提高了，比如这个插秧机，平均一天能插50亩。

这个（上图）是无人机，只要设置好参数，它就能在田里自动巡航，指哪打哪！效率提高了，我们的种植规模也开始不断扩大。2022年我们自己种植和帮助农户种植的农田面积就超过了2万亩，今年预计最少也有3万亩！

三年一个手艺人，一辈子一个庄稼汉，转眼回乡种田已十年。如果您问我后悔吗？我肯定毫不犹豫地回答："不后悔！"因为落在田里的每一滴汗水都会长出果实，花在家乡的每一分心血都能听见回响。我多踩一个坑，乡亲们就少踩一个坑！我也希望能带动身边更多的年轻人加入我们农业大军中来，种好家乡父辈留给我们的土地！谢谢大家！

陈铭：

感谢谭文的分享，在中华民族的历史上，土地是一个非常特殊的存在，它可能有着远超一个单一经济要素的更深远、更复杂的文化影响力，它是一个非常特殊的符号。

所以，广阔农村，大有可为。当我们提到年轻人的未来的时候，也许城市不一定是唯一的那个选项。而且据我所知，我们国家为了号召更多像谭文这样的年轻人回到乡村，其实是下了很大功夫的。

储峰：

是的。首先，我非常高兴，因为随州产生了像谭文这样优秀的"新农人"，我自己也是随州人。现在，有许多像谭文这样的有文化、有思想的"新农人"在农村带领着乡亲们用新技术新方法改变着传统的耕作模式。

人才振兴是乡村振兴的基础，要创新乡村人才工作体制机制，充分激发乡村现有人才活力，把更多城市人才引向乡村创新创业。要着力抓好招才引智，促进各路人才"上山下乡"，投身乡村振兴。现在的城里人，往上数三代，大都来自农村，只要有机会，很多人都有回报家乡的愿望。"乡情牌"打好了，积极性调动起来了，渠道疏通了，乡村振兴才会发挥更大作用。在这方面，要逐步探索，做出制度安排。同时，要想方设法创造条件，让农村的机会吸引人、让农村的环境留住人，特别是要让一部分年轻人热爱农村农业，优化农业从业者结构，改善农村人口结构。要解决土地增值收益长期“取之于农、用之于城”的问题，破解“农村的地自己用不上、用不好”的困局。

陈铭：

我是“80后”，我自己往上三代到我爷爷那一代一定都是扎根在农村。因为我们的工业化、城市化就是近四五十年才如火如荼地发展起来（的），所以我们其实“根”都在农村。在新的政策环境下只有一个充分地调动，它能开出什么样的花朵，我们非常期待。但是发展什么样的产业，这就是个难题了，有的时候它需要因地制宜，要结合当地的实际条件。湖北省恩施咸丰县唐崖镇彭家沟村就依靠它独特的“一黑一白”产业模式发展成为“亿元村”，从“山旮旯”变成了“金窝窝”。接下来，我们这位故事的主角就来自这个美丽的乡村，它有些特别，还有点儿可爱，它会是谁呢？我们一起来看一看。

短片画外音

蓬仔仔：

哼哼哼，大家好，我叫蓬仔仔，我的家乡在湖北省恩施州咸丰县唐崖镇彭家沟村。这是我的小“别墅”，听妈妈说，十年前我们这儿可是很穷的。想知道为什么有这么大的变化吗？你们去村里找答案吧。

喏，焦易家是变化最大的，你们去问问他吧。

焦易：

这个院子就是一个很大的变化，在2019年的时候这一圈都是猪圈，在“三拆三清三建”的过程中，我们就把它变成了一个非常漂亮的农家乐和这个民宿。在村委的号召下，我在2016年年底的时候回来返乡创业，当时政府给了我们一些非常好的奖补政策，一栋猪圈补了2万块钱，2020年我们就挣了400多万块钱。政府给我们做后盾，一步一步地引领着我们往这个致富的道路上走。

蓬仔仔：

说到变化，王川最有发言权。

王川：

我刚回村里的时候头发比较长，当时我们的老百姓给我取了一个外号叫“街溜子”，后来在我们焦书记动员之后，通过自己努力，也变成了现在支部的纪检委员。村庄的变化离不开一个好的带头人，“跑跑书记”经常就是出门去跑项目、跑资金，把我们的基础设施和我们的产业都通过项目和资金调整好，让老百姓生活越来越幸福，越来越富有。

蓬仔仔：

我们去问问王川口中的“跑跑书记”吧。

焦书记：

我们从一个“穷山沟”蜕变成现在农业产值过亿元的“金窝窝”，全靠党的好政策。我们党支部带领我们的党员群众，一直是不等、不靠、不依赖。在党委、政府的正确领导下，在我们各级各部门帮助下，我们也发生了很多很大的变化，我们的村庄现在是越来越漂亮了，老百姓的日子也是越过越红火了。

陈铭：

今天我们也请到了这位“跑跑书记”，让我们来听一听他们村的故事。

欢迎焦宪书记，刚刚短片里的蓬仔仔特别可爱，它也说了，彭家沟村近十年的变化特别大，具体有什么变化呢？

焦宪：

大家好，我是湖北省恩施土家族苗族自治州咸丰县唐崖镇彭家沟村支部书记、村委会主任焦宪。我2005年在村里任支部书记，十几年前的彭家沟村实际上和我们武陵山区的很多农村一样，基本上没有任何优势。村内唯一的一条公路就是3公里（长）2米宽的一条土路。全村当时（有）1089名村民，外出的年轻人接近400名。在家的老百姓也多多少少养一些猪，但是人畜共居，污水横流。

新时代十年来，我们村党支部一直是鼓励、支持我们村内的优秀年轻人返乡创业，然后带动我们老百姓。我们一直坚持的是“猪”“沼”“果”加旅游的发展定位，大力发展我们的“一黑一白”产业，这个“一黑”就是我们的生猪养殖，这个“一白”就是我们的白柚。通过这么多年的坚持坚守，全村建成了150栋比较规范的猪栏。我们村年初的生猪达到了2万头，种植的白柚2500多亩，它实际上就形成了一个“猪沼果”的一个种养生态循环产业模式。

在2020年，我们全村1083个村民仅生猪销售收入就过了1个亿，其中纯收入50万以上的有76户，纯收入100万以上的达到了41户。我们村民的人均纯收入也从十几年前的不足2000元，在2020年的时候增加到3.5万元，村集体经济每年也是增收在20万元以上，可以说是做到了家家建庭院，户户有产业。我们的公路从之前的3公里，到现在是接近40公里通村通组到户的循环公路，成了名副其实的“恩施畜牧第一村”。

陈铭：

感谢“跑跑书记”，您说的我非常有感触。两个原因，第一我生活在武汉，我们在武汉家里面要待客要说一个猪肉好，一般会加一句：这可是地道的恩施土猪肉，黑猪的猪肉。如果这么说，就说明这是贵客临门，要好菜相待。第二呢，我的家人去年还在恩施，我不知道是不是在彭家沟村，这个猪肉经济繁盛到什么程度，我们家人在恩施订了一头猪，出栏的时候就把它预订上。可以起名字，有专门的摄像头来拍摄这个猪成长的全过程。每天24小时，手机上APP打开就能看到它现在是在吃在睡还是在玩，然后它所有的饲料，所有的喂养的过程都可以看得见。

当然所带来的经济上的收益更高，大家也都知道恩施土猪肉可不便宜。但是我们很开心地看到好的农产品遇到了市场，最后使得我们农民朋友们的收入有切实的增长。也想问问张教授，我们中国这样一整套产业的机制或者产业结构，在世界范围内来讲是跟大家有相同之处，还是说有自己独创的部分？

张维为：

中国是个超大型的国家，我们的基本数据是这样的，14亿人口每年消费大概7亿头猪。就我们自己研究中国的宏观经济，有时候要看各种各样数据，但实际上有些基本的数据，学者或者干部们一把握就知道有没有出现通货膨胀。看猪肉价格，如果猪肉价格稳定的话基本放心。这个经济有没有增长，看发电量用得多还是少，所以我们用这个指标看美国的经济，他说他增长多少，整整一年创造一个德国的经济，实际上不可能，他发电量没有增加，证明他要么做了什么手段，要么去（做）各种各样金融衍生品的交易，没有多少真实的东西。中国模式（的）特点就是认真学习别人的一切长处，同时，又结合自己国情把它进一步发展，进一步超越。

你比方说，美国是以机械化养猪闻名世界的，结果我们中国现在实际上规模比他还要大。最近我就看到在我们河南，他们就建了一个世界最大的机械化、智能化的养猪场，年产量是210万头猪，21栋6层的楼里边全部是高度智能化养猪。机械化美国（是）做得不错的，但是智能化，中国是远远领先的，一个重要原因是我们数字基础设施的普及在美国是远远没有做到，因为他资本力量不愿意投到大农村去，（钱）收不回来。但我们是混合经济，公有经济负责基础设施建设，包括数字基础设施，包括铁路、公路、高铁，然后民营经济、其他经济一起发展。这个基础设施铺好以后，它是一种中国特有的特色，所以我叫中国模式。我们是学习人家，但同时还在考虑怎么超越人家，逐步逐步做大了。因为基础设施完善了，整个信息化的条件具备了，所以呈现出的一个农业样态反而走到了世界（前列），我们那个认购的猪这种（模式），在其他国家做不到的。

陈铭：

对，没有想到可以这么精准地匹配，起上名字就感觉是自家的一员，这种感觉真是太棒了。也问问储教授，您听完之后（有）什么感受？

储峰：

党的二十大报告提出，全面推进乡村振兴，发展乡村特色产业，拓宽农民增收致富渠道。重点任务包括构建现代乡村产业体系。产业是发展的根基。乡村“五大振兴”，产业振兴是第一位的。只有产业兴旺了，才能让农业经营有效益，成为有奔头的产业；才能让农民增收致富，成为有吸引力的职业；才能让农村留得住人，成为安居乐业的美丽家园。

陈铭：

我觉得这一步一步农业的创新、产业结构的调整，真的是走在了世界的前面，所以彭家沟村在发展黑猪产业的过程当中攻克了相当多的难关，但有的时候，我们也会担心说万一出一些问题，比如说，有一些猪里边也有疫情，或者有一些突发的灾难性的事件，有没有办法帮我们农民朋友兜底？据说我们彭家沟村的黑猪产业还有一个独特的法宝。来，我们一起来看看大屏幕，这是我们的一张保单，那我们来猜猜看这是给谁买的保险呢？我们也请（焦）书记为我们介绍一下。

焦宪：

我们村里的黑猪专业合作社每年都会给我们彭家沟村所有老百姓养殖的生猪进行一个商业保险，40斤以上的猪如果说病死了或者说出意外死亡之后我们都会赔钱，赔多少呢？三百到八百元。这样就抵御了一些风险。以前的话大家对猪瘟的防控意识不是很强。

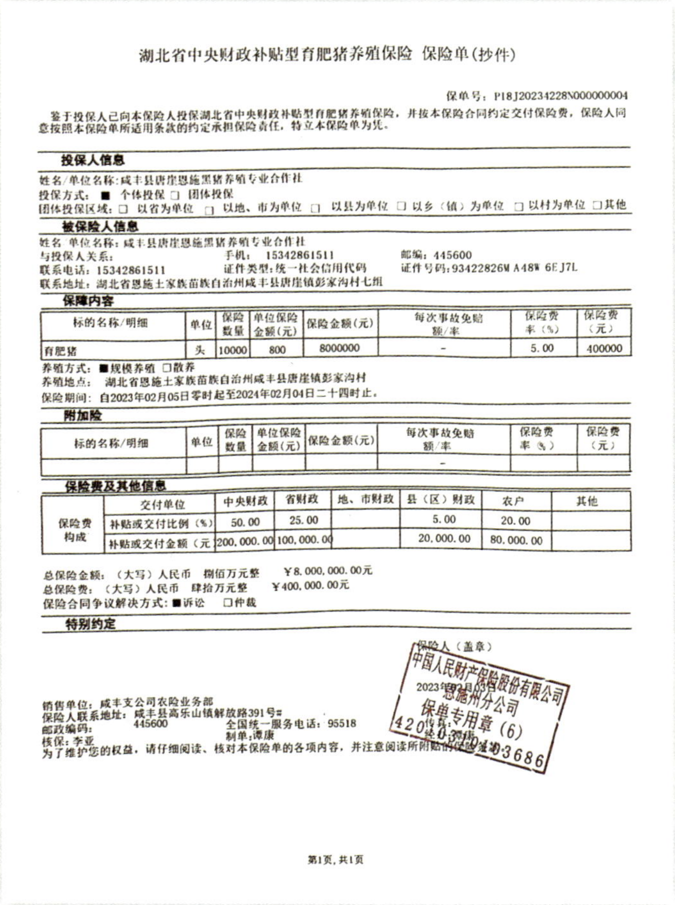

湖北省中央财政补贴型育肥猪养殖保险 保险单(抄件)

保单号：P18J20234228N000000004

鉴于投保人已向本保险人投保湖北省中央财政补贴型育肥猪养殖保险，并按本保险合同约定交付保险费，保险人同意按照本保险单所适用条款的约定承担保险责任，特立本保险单为凭。

投保人信息

姓名/单位名称:咸丰县唐崖恩施黑猪养殖专业合作社
投保方式：■ 个体投保 □ 团体投保
团体投保区域：□ 以省为单位 □ 以地、市为单位 □ 以县为单位 □ 以乡（镇）为单位 □ 以村为单位 □其他

被保险人信息

姓名 单位名称：咸丰县唐崖恩施黑猪养殖专业合作社
与投保人关系： 手机： 15342861511 邮编：445600
联系电话：15342861511 证件类型:统一社会信用代码 证件号码:93422826M A48W 6E J7L
联系地址：湖北省恩施土家族苗族自治州咸丰县唐崖镇彭家沟村七组

保障内容

标的名称/明细	单位	保险数量	单位保险金额(元)	保险金额(元)	每次事故免赔额/率	保险费率（%）	保险费（元）
育肥猪	头	10000	800	8000000	-	5.00	400000

养殖方式：■规模养殖 □散养
养殖地点： 湖北省恩施土家族苗族自治州咸丰县唐崖镇彭家沟村
保险期间：自2023年02月05日零时起至2024年02月04日二十四时止。

附加险

标的名称/明细	单位	保险数量	单位保险金额(元)	保险金额(元)	每次事故免赔额/率	保险费率（%）	保险费（元）
					-		

保险费及其他信息

	交付单位	中央财政	省财政	地、市财政	县（区）财政	农户	其他
保险费构成	补贴或交付比例（%）	50.00	25.00		5.00	20.00	
	补贴或交付金额（元	200,000.00	100,000.00		20,000.00	80,000.00	

总保险金额：（大写）人民币 捌佰万元整 ¥8,000,000.00元
总保险费：（大写）人民币 肆拾万元整 ¥400,000.00元
保险合同争议解决方式：■诉讼 □仲裁

特别约定

保险人（盖章）
中国人民财产保险股份有限公司
恩施州分公司
保单专用章（6）
2023年02月03日

销售单位：咸丰支公司农险业务部
保险人联系地址：咸丰县高乐山镇解放路391号#
邮政编码： 445600 全国统一服务电话：95518
制单:谭康
核保：李亚
为了维护您的权益，请仔细阅读、核对本保险单的各项内容，并注意阅读所附贴的保险条款。

第1页，共1页

但是这几年，我们通过不断采取一些方法，老百姓对猪瘟防控的意识提高了。我们彭家沟村所有老百姓的房子的大门是开着的，但是我们所有猪栏是用铁门锁着的。比如说，这次咱们（节目组）到我们的猪栏里面去拍摄，那所有的工作人员都必须全部消毒之后穿着防护服进去，拍摄完毕之后我们还要把猪场进行一个全面的清洗、消毒。

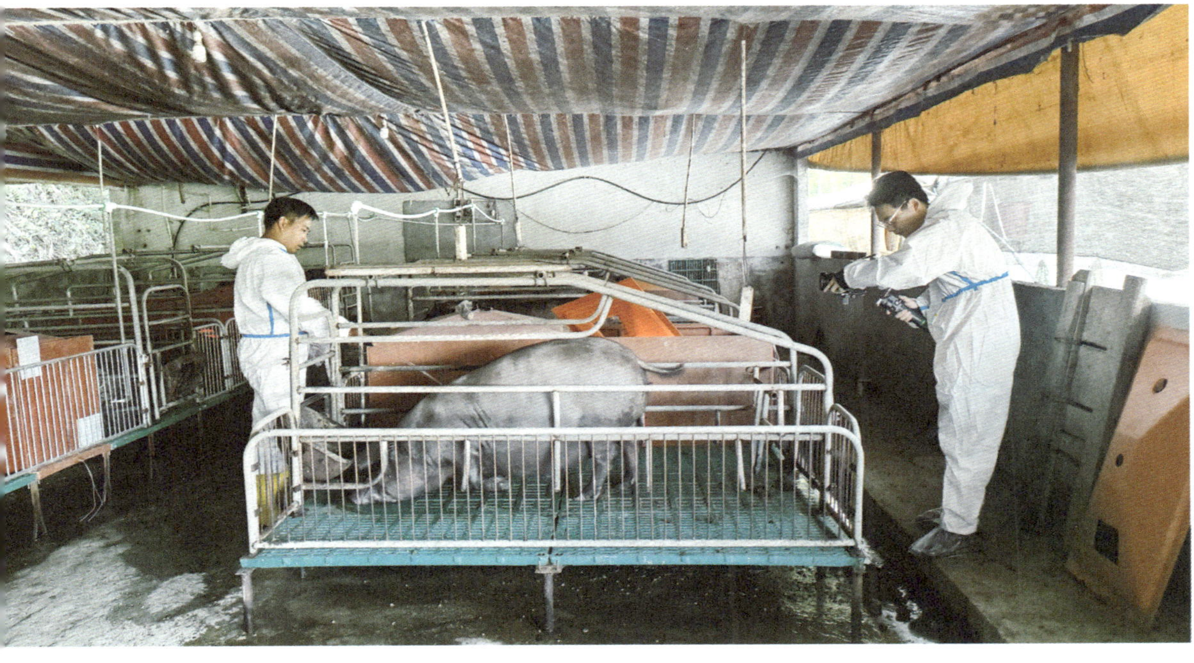

陈铭：

全副武装就是为了给我们的“蓬仔仔”们一个最安静、最安全的环境，那除了彭家沟村这个“一黑一白”的产业之外，在湖北还有发展蔬菜种植的，还有培育大棚花卉的，还有一心一意种橙子的，更有大力发展乡村旅游带动消费的，还有以非遗技艺（带动发展）的……每一个村庄其实都在因地制宜，一村一景。今天也要感谢焦书记给我们带来的故事，希望有机会我们也能够一起到彭家沟去看一看，尝一尝您的“一黑一白”，没准还能认养一头属于我们节目组的土猪，谢谢焦书记。

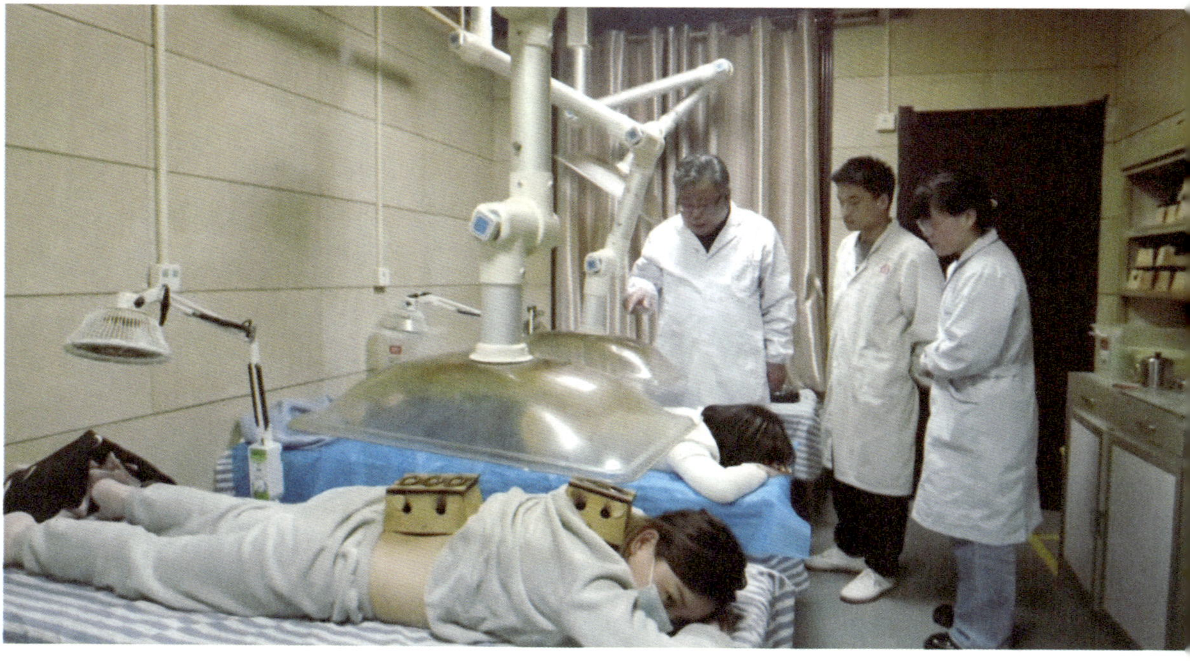

焦宪：

借此机会，我也诚挚地邀请大家来“世界硒都——仙居恩施”走一走看一看，来咸丰，庆丰年，赏“四遗”，品白茶，然后尝尝我们彭家沟村的土司黑猪刨汤宴。

陈铭：

一定一定，土猪、白柚、白茶，不见不散。焦书记最后还不忘给村里的宣传打一打口号。您看除了生态农业之外，一个全新的产业契机——旅游感觉也是如火如荼地即将发展起来了。事实上，每一个乡村都有属于自己的乡村之魂，在（全面落实）乡村振兴战略的同时，我们要注意把握好乡村特色，要避免“千村一面”的出现。在湖北随州的广水市就有这样一个村庄，他们又是用什么样的模式来探寻属于自己的乡村振兴之路呢？让我们一起来看一看。

短片画外音

驼子村乡村合作公司原创说唱

黄书记 干啥呀

快过来 弄啥呀

咱家这田整天搁着

野草都没人来拔了

您还真找对了

农田别荒废了

交给乡村合作公司

咱也不心累了

种地三十多年

每年不敢偷闲

现在您说啥也不干

公司真的帮我种田?

老乡亲别着急

让我来告诉你

利用闲置土地

动员闲置人力

小田合并大田

发挥整体规模效益

放下心中警惕

担心大可不必

不妨跟我村里走走

瞧瞧咱公司实力!

您看咱农机大队

各种装备都会
广水种地王牌天团
您说配不配
咱还有集中育秧
场地一万个平方
咱还有……
啥都甭说了 真香
再看咱蔬菜大棚
这瓜果长得多红
公司统筹 专人指导
种啥不用再盲从
瓜菜连作 王鸽养殖
劳务服务 粮油种植
八大产业 共同配合
整体联动 事不宜迟
一起告别贫穷
乡村振兴不怂
撸起袖子加油干
明年给大家分红

陈铭：

我内心非常震惊。我就想问现在种地已经这么卷了吗？不会“单押”“双押”已经下不了田了吗？其实在广水市我们刚才所看到的这样的村子不是一个两个，越来越多的村庄都像我们驼子村这样，在乡村合作公司这条发展道路上不断地迈开自己探寻的脚步，闯出了属于自己的一番新天地。其实，我相信在座的各位跟我一样，心里都很好奇这个乡村合作公司具体是怎么一个“玩法”。今天我们很荣幸地请到了广水市驼子村党支部书记，同时也是广水市鑫农共富有限公司的董事长黄艳峰，让他来为我们分享驼子村乡村合作公司背后的故事。

陈铭：

黄总您好，您的这个称呼是又多又长。一般大家是称呼您黄书记（还是）黄总，应该怎么称呼您？

黄艳峰：

在村里面称书记的比较多，但是在外面别人都叫我董事长。

陈铭：

就是在不同的环境下——村庄环境、市场环境，您的面貌、头衔也会发生改变。那您能不能给我们简单地讲讲这个乡村合作公司跟我们说的一般的公司有什么区别呢？

黄艳峰：

我们的乡村合作公司是紧紧围绕习近平总书记（关于）“资源变资产，资金变股金，村民变股东”的重要指示要求，由我们村集体经济组织村股份经济合作社出资成立的公司，它是具有市场功能的集体经济，同时又是（具有）共富架构的市场主体。现在在我们的乡村合作公司，村民可以将承包的土地入股到乡村合作公司得租金，同时又可以到乡村合作公司来务工得薪金，年底分红再得股金。我们通过乡村合作公司的实体运营，将我们的群众深度融入我们的产业链，分享我们的利益链，拓宽群众的增收渠道。

陈铭：

还招人吗？您村里幸福感“爆棚”啊！

黄艳峰：

很多村民就是以前转出去户口的，现在很多（想转回），但是我们现在有严格的规定。因为产权制度改革以后，你在一个组织里面有成员身份，不能同时占有两个地方，现在这个比较规范，要严格按照规定来，按照秩序来。

陈铭：

咱们村里的村民在实施了这个乡村合作公司的制度之后，具体给我们村带来哪些发展和变化？

黄艳峰：

这个变化呢，说实在（的），在2019年以前，我们村还是个典型的“空壳村”，当时是负债20多万（元），村集体是最贫的贫困户。我上班的第一天，就被我们的村民堵到了村委门口讨债，当时我觉得最重要的就是先把欠老百姓的钱还清。在2019年的时候，我上任以后，刚好我们村里面得到第一笔脱贫攻坚的政府支持的项目衔接资金10万块钱。当时这个钱投到哪个产业，我们通过走访群众这种形式（来寻找答案）。很多群众就反映当时我们整个村里没有一台旋耕机，老百姓要种田的话都要到别的地方去请，很麻烦。所以说，如果我们买旋耕机的话，那我们以后种田就方便多了。

但是这个事情是我们村里比较重要的一个事情，不能由我一个人或者是我们村“两委”干部来决定。当时我们就召开了村民代表大会，大家一致同意用这个项目资金购买旋耕机。当时我们有很多村民会开拖拉机，愿意当机手来提供技术上的服务，这台旋耕机就为我们今后发展农业机械化社会化服务打下基础。在2021年的时候，随州市委、广水市委鼓励我们村集体成立乡村合作公司来发展集体经济，带动群众增收致富。我们村也是在2021年8月的时候成立了广水市鑫农共富运营管理有限公司。

张维为：

黄书记代表的实际上是一种叫村集体加村民这样一种合作社的模式，不管你叫什么名称，基本上它的最终目的是要落实到共富。美国就不是这样的，美国最早是殖民地，是私营的农场主逐步逐步演变成大型的机械化搞资本主义的农业。但他最大的问题（是）什么呢？他没有这个共富的这个（概念），他雇的是最便宜的墨西哥的非法的劳工、来自拉美的非法劳工，而且（是）季节工人，丰收季节来批人用完我就走，三个月，到什么季节农忙时需要帮助的，再雇一批，是在这样的情况下形成的。我们是根据自己国情，除了有我们政府的作用，还有市场的作用，两个结合起来，努力避免像美国这种最后人民没有富裕起来（的情况）。

陈铭：

说得非常有道理，发展跟富裕有时候是两回事，发展是发展了，可是谁富裕，这是个大问题。是不是共同富裕，是不是一起迈向那个最后富裕的节点，那可能不同的国家有不同的道路，有不同的选择。而我们其实彰显了一个非常明确的出发点和落脚点，是为人民服务的，是要人民共同富裕来引导。

储峰：

是的，我们的集约化和美国是不一样的，从我们驼子村的这个乡村合作公司来看，每个人都有说话的这个权利，可能这种方式也是未来我们中国农村集约化的一个新趋势。它对于我们实现共同富裕是一个有效的措施。

黄艳峰：

近几年，我们积极响应省委提出的“美好环境与幸福生活共同缔造”（理念）。我的理解是美好环境与幸福生活共同缔造理念，既有工作目标，同时又有工作方法。美好环境人人向往，幸福生活人人追求，这就是我们的工作目标。我们的工作方法就是通过决策共谋、发展共建、建设共管、效果共评、成果共享的“五共”方法来推动乡村治理。以前我们村里面可以说环境相当差，土地（抛）荒占到60%，整个稻田里面、池塘里面长的都是芦苇，一到10月份像下雪一样。现在我们运用共同缔造的理念和方法就变成了人人参与、人人尽力、人人享有的新局面。

陈铭：

所以您刚才提到了共同缔造，其下有“五共”，听起来确实（让人）豁然开朗。那是不是有很多本来要按之前的逻辑出远门打工的朋友不出门了，我们就在家门口也能有好生活？

黄艳峰：

目前来说，我们是解决那些60岁以上的、工厂不要的这些人回来怎么办的问题，让他们能够就近就业，增加他们的收入。同时，再吸引像谭文这样的（年轻人），他们也会陆陆续续回来。越来越多年轻人也愿意回来的时候，那这个村庄的精神面貌又不一样了。

陈铭：

其实在共同缔造这个方面，除了中国做出这样的尝试之外，不知道其他国家在这个方向上有没有自己的努力？

张维为：

这个概念实际上是（很）中国的概念，因为“共同缔造”这四个字实际上开始是个学术概念，是我国很有名的一个两院院士吴良镛先生提出来的，他写的（书）叫《广义建筑学》，他是搞建筑的。过去我们往往只建房子、建城市，但他提出人态、生态、环境这样一种科学。我们建“一带一路”讲的是共商、共建、共享，它这三个本来就有了，它本来还有一个共管、共评，像我们现在都在用的就是一个学术概念。现在从政治上来看是我们中国共产党群众路线的一部分具体体现。这（个）概念我觉得“一带一路”都（是）受它启发的，实际上严格讲他是更早的，整个背后是中国的文化，我们就相信带“共”的东西，共同富裕、共同奋斗、共同努力。

陈铭：

有好几个字一旦出现就是浓郁的中华民族的文化的基因的呈现，比如说“和”，比如说“共”，比如说“同”，“天下大同”。这些字一出现的时候，我们就意识到，我们这个民族在几千年的历史沉淀当中有自己独特的处世的一种哲学方式。但这个“共”字，在理论上提出，有的时候可能没那么难，但是要落地却是难上加难。“共同缔造”在乡村基层的具体实践当中有没有遇到一些挑战呢？

黄艳峰：

我的理解就是，要想把“共同缔造”做好，最难的、最重要的就是要解决“共”的问题。我们是依托乡村合作公司这个经营实体把群众紧密地联系在一起，我们给他（群众）提供“共”的基础。同时，我们不光提供“共”的基础和平台，我们还提供资金，有了资金的支持以后，老百姓的热情就更高了。我们驼子村为什么能从一个落后的、“脏乱差”的、软弱涣散村到一个洁净、美丽的公园村，从一个负债20万的“空壳村”到收入全市领先的幸福村，就是因为我是以乡村合作公司为抓手，和村民一起共同缔造的。

广水幸福生活VCR

村民1：现在我们搞大棚育秧能赚一点儿钱特别高兴。

村民2：特别是像我们50多岁快到60岁的人，现在天天哪怕就是说三点钟起来、四点钟起来也特别高兴。

驼子中心小学校长：学校现在有7个教室、4个功能室，有美术室、实验室、计算机教室、阅读室，有广水市唯一的一个校内气象站。

农机手：2021年我就回来在村里打工打到现在，在村里干，一个人一年大概就是四五万块钱收入，家里房子翻新了、买车了。

村民3：大队的书记给我们买个音响，蛮高兴，蛮好。就有些人说走啊走啊，去跳跳舞啊，开开心啊。

村民4：我以前的房子都是土房，现在喂鸽子（赚钱）把它做成了外面贴的瓷砖，里面安的空调，里面都装修了，都搞得比较理想，现在（收入）都不知道翻了（多少倍），翻了七八倍。

张维为个人演讲

中国发展模式的特点是一茬接着一茬干，一场战役接着一场战役打，直至实现民族的伟大复兴。我们于2020年顺利完成了全面脱贫，但在这之前的2017年，党中央就开始布局下一场战役，2017年10月召开的党的十九大，习近平总书记提出实施乡村振兴战略，2018年3月中共中央、国务院发布了《关于实现巩固拓展脱贫攻坚成果同乡村振兴有效衔接的意见》，这也是为了在巩固拓展脱贫攻坚成果基础上全面推进乡村振兴，实现“三农”工作重心的历史性（的）转移。

乡村振兴，主要包括五个方面，也就是产业振兴、人才振兴、文化振兴、生态振兴、组织振兴。我们今天讨论的这几个案例很好地展示了乡村振兴在湖北的实践。我自己长期关注乡村振兴过程中中国小城镇发生的变化，小城镇是上接城市下接农村的一个个节点，它们既为乡村提供公共服务，也对乡村产业发展起到一定的辐射作用和带动作用。谈到小城镇建设，过去人们谈得比较多的是欧洲的小城镇。确实，欧洲有许多人文、风貌、历史积淀比较深的小城镇令人流连忘返。比方说，阿尔卑斯山脉下的德国、奥地利有不少啤酒小镇，里面有啤酒博物馆，有这个酿酒体验之旅等。

相当时间内，有人也说欧洲小城镇模式是一种全球小城镇建设的范本，然而，随着我国全面脱贫的实现和乡村振兴的深入，中国的小城镇发展已经摸索出一条自己的成功之路。它不只是旅游文化的载体，往往也是中国产业发展的一个个节点。从产业发展来说，中国许多小城镇可能就是一个细分产业的重要的基地，甚至在这个细分产业内，它是全球领先乃至世界第一，但这些小城镇依然是生态宜人、景色秀丽（的），它们实现了文化振兴、产业振兴、生态振兴的融合。比方说，广东湛江的徐闻被称为中国的“菠萝的海”，实现了一二三产业融合，第一产业是菠萝种植，第二产业是菠萝副产品的加工，第三产业是小镇的特色旅游，也就是菠萝产业整个产业链的延伸，实现农民增收致富的乡村振兴。

今天环顾我们祖国的广袤大地，乡村振兴正在蓬勃展开，不时给中国和世界带来大量的机遇和无限的惊喜，谢谢大家。

陈铭：

感谢张维为教授的演讲，实现乡村振兴的战略目标离不开国家政策的宏观指导，也离不开每一个村集体的创新和参与。从恩施到随州，虽然选择的具体实践不同，但他们共同为乡村振兴的画卷增光添彩，同时也为其他地区有效实施乡村振兴战略提供了更多的借鉴。人生不应该只有城市的霓虹，也应该有乡村的月光。在乡村振兴的这条道路上，我们还将砥砺前行，奋力续写辽阔土地上的发展新篇章。感谢各位的收看与陪伴，我们下期节目再见。

扫一扫观看更多精彩

第2篇

『纤』进未来

——中国式现代化的湖北经纬

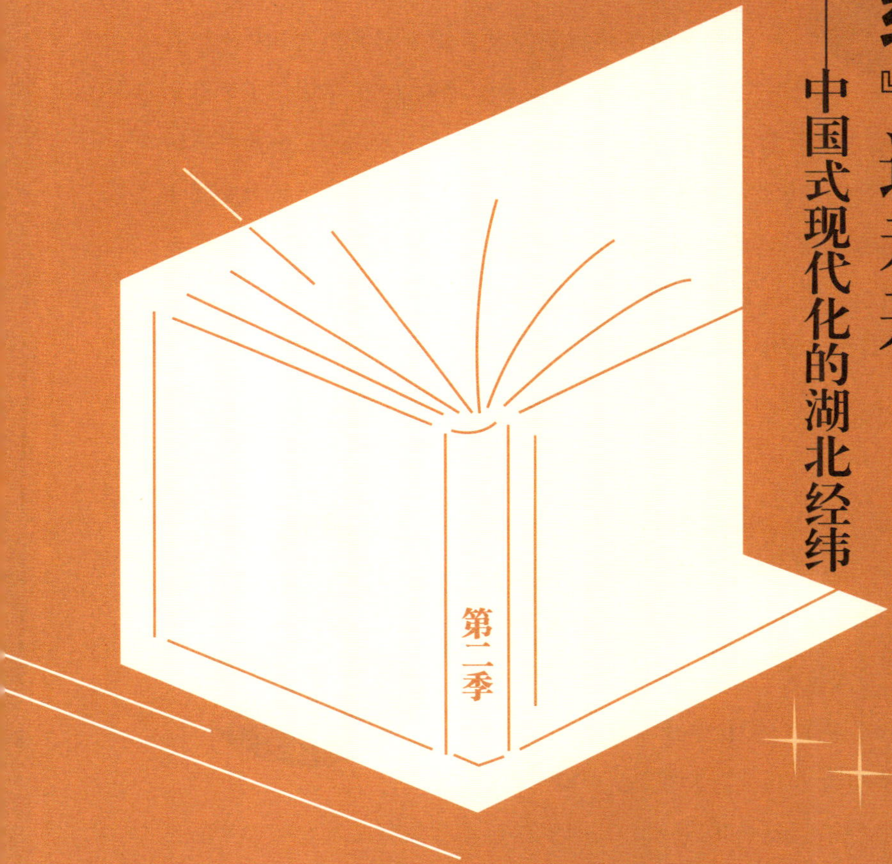

嘉宾介绍

曹根阳，博士、教授、硕士生导师、中国科协“大手拉小手科普团”专家库成员、中国纺织工程学会武汉纺织大学科普基地负责人。从事高性能纤维聚集态结构调控及其功能制品研发。主持和参与了国家973前期、国家自然科学基金、中国博士后面上基金项目、湖北省教育厅重点项目、国家功能新材料创新中心项目、企业委托研发等项目。2014年获得湖北省技术发明一等奖，2014年获得中国纺织工业联合会科技进步二等奖，2015年获得中国纺织工业联合会科技进步一等奖，2021年获湖北省科技进步三等奖，2022年获得中国纺织联合会科技进步一等奖，参与研制的嫦娥五号月面国旗于2020年实现世界首次无温控条件下成功展示。

王栋，国家“万人计划”青年拔尖人才、“新世纪优秀人才”，享受国务院政府特殊津贴。现任武汉纺织大学校党委常委、研究生院院长、纺织纤维及制品教育部重点实验室主任、湖北省智能纺织材料及交叉学科研究国际科技合作基地主任。2008年2月毕业于美国加州大学戴维斯分校，获得博士学位，曾先后在美国Invista公司及美国Eeonyx公司担任研发工程师及研发中心主任。现担任中国纺织工程学会理事会理事，中国材料研究学会纤维材料改性与复合技术分会常务理事。

郑昕，长飞光纤光缆股份有限公司副总裁，有逾20年光纤光缆行业从业经验。自1998年12月起，一直任职于长飞公司，先后担任区域经理、北京办事处总经理以及光缆销售部经理、光缆事业部副总经理、销售中心副总经理。2020年1月，出任公司副总裁；2022年1月，兼任董事会秘书。

岳奎，华中科技大学马克思主义学院院长、教授、博士生导师。现为华中科技大学党建研究中心主任、湖北省中国特色社会主义理论体系研究中心华中科技大学分中心常务副主任、湖北省新时代文明实践研究院院长。入选国家"万人计划"青年拔尖人才（第五批），湖北省高等学校中青年马克思主义理论家培养计划人才（第六批），湖北省督学（第八届）。兼任湖北省高校青年研究会会长、中国马克思恩格斯研究会理事、中国国际共运史学会理事、21世纪马克思主义研究会常务理事、湖北省中共党史学会常务理事。湖北省党建研究会特邀专家，中共湖北省委讲师团特聘教授。长期致力于中共党史党建、马克思主义中国化研究。近年来，主持国家社科重大专项项目1项，国家、教育部、湖北省社科项目22项。在《中国社会科学》《马克思主义研究》《人民日报》《光明日报》《经济日报》等期刊发表学术论文100余篇，多篇论文被《新华文摘》《中国社会科学文摘》转载，出版著作多部，多篇咨询建议被党和政府有关部门采纳。

引子

为了展现新时代湖北以科技创新为引领，坚持创新驱动发展，打造全国科技创新高地、制造强国高地等方面的生动实践，节目经过层层筛选，确定了以新时代“上天入地”的纺织行业为主要案例，讲述湖北不断实现高水平科技自立自强的生动故事。

本集内容

武汉纺织大学 月面国旗团队故事

陈铭：

今天的故事要从一根蚕丝说起，它贯穿了整个中华文明的发展史，是古代劳动人民智慧的结晶，由蚕丝延伸出的丝绸之路更是东西方经济文化沟通的桥梁。

如今，古老的中国文化融入现代科技中，在武汉纺织大学，有一个团队将蚕丝磨成微纳米级的“粉体”，让它们“一部分上天，一部分入地”。这项技术将“中国红”牢牢地固定在国旗上，在月球表面，一面永不褪色的五星红旗展开，意味着中国人向星辰大海的进发又迈出了重要的一步。

在无数重要的、庄重的场合，我们都能看到五星红旗冉冉升起。那么，我们通过一段短片去一起回顾那些激动人心的时刻：

短片画外音

香港回归、澳门回归，是民族的复兴，是历史的回响，雪洗了百年屈辱，中国人民以坚韧的毅力，谱写了自己的辉煌篇章。

随着祖国日益强大，国旗出现在越来越多重要的场合。

奥运会摘金夺银，国旗在庄严的歌声中升起。

撤侨行动中，舰船上飘扬的国旗是华侨同胞心中最大的安全感。

援非医疗，抗震救灾，高举国旗的中国救援队向世界的每一个角落伸出援手，在危难之际，用实际行动传递着人类命运共同体的理念。

杨利伟在太空舱展示的国旗、嫦娥五号上的月面国旗，它们是中国航天谱写星辰大海的新篇章。

1949年开国大典　五星红旗迎风飘扬

2015年亚丁港也门撤侨

2003年中国航天第一次载人飞行

2020年中国在月面首次实现国旗的独立展示

陈铭：

我们刚刚看到了中国在五星红旗照耀下的无数重大瞬间，也重温了五星红旗在月球表面展开的这份激动，这面永不褪色的月面国旗正是武汉纺织大学研发设计的。我们可以看到曹教授今天把这一面月面国旗带到了我们节目的录制现场。

月球表面的环境是非常极端的，据我们了解，为了这一面能够在月球中永不褪色的国旗，（徐卫林院士）团队耗费了8年的时间，这可能是各位人生中最美好的时光。这背后的辛酸苦辣，真的只有参与过的人才能深刻地体会到。那么，请曹教授来分享一下这些时光背后的故事，带我们走入那一段难忘的光阴。

曹根阳：

在研制这面月面国旗的时候，现在回过头来再看，我们所遇到的困难，可能已经没有办法一一去细数了。但是在整个的过程当中，我觉得可以用“拔剑四顾心茫然”来表达。这个过程当中，我们往往把一个困难克服，下一个困难可能接踵而至。

陈铭：

那具体有没有哪一个技术细节尤其难，让您印象最为深刻？

曹根阳：

我们国旗上面的红色和黄色，到了月球，它们这两个颜色发生了交互，实际上就是我们所说的串色。因为它们本身就有接触，所以一旦到了月球上环境发生变化，颜色可能会“跑”。我们常规的这种体现颜色的这些颜料的粒子，耐受不住这样的环境。比如说一个西瓜，把它放到真空环境下，这个西瓜可能就爆了。

实际上，旗面所面临的是在高低温的循环的条件下的高真空。这种叠加对于旗面来说，所面对的这种考核的条件更加突出。我们实际做的是按正负150（摄氏度）来考核验收的，也就是说温差达到了300摄氏度。

陈铭：

这确实太难了，因为国旗不仅象征着国家主权，还有国家的荣誉。五角星

上出现红色这样的串色情况，那是绝对不能出现的。

曹根阳：

这也就是徐卫林院士经常跟我们说的，他说在这种极端环境条件下，那一定不能用常规办法来解决。他提出来一个思路——要想办法找一个力，这个力能够把这些不听话的或者说耐受不住这种极端环境条件的这些颜色粒子抓住。

这个时候，我们也经过了很多的探索，最后我们聚焦到了蚕丝（上）。其实，很多人在想怎么去用它（蚕丝），我们实际上是跨了界——把我们的纺织和机械加工进行了一个结合，让线状的蚕丝，变成了微纳米的粉体。而这种微纳米的粉体到了我们的旗面上去之后，在机械外力的作用下，形成了一些不规则的小颗粒。这种小颗粒的比表面积是很大的，而这种比较大的比表面积的吸附能力是比较强的，就把那些不听话的细小颜料粒子给束缚住了。

陈铭：

所以，其实是跟材料学进行了结合，运用了学科交叉融合的方式，使得它不变色、不褪色、不跑色。太不容易了，这是一次真正的大考。因为火箭它回不了头，一旦发射升空，这面国旗如果再有任何的问题，其实没有办法修改和调整了。所以我很好奇，国旗展开的那一天，曹教授您紧张吗？

曹根阳：

在白天的时候我还是有点儿紧张的，到了晚上，徐卫林院士带着我们一起又讨论了一下。实际上我们还是比较有底气的，因为在这一面国旗升空之前，我们经历了无数次的模拟实验。

在发射成功之后，其实很多人想知道我们在这个过程当中有哪些背后的故事。在那个时候，我们团队去讲述当年所做工作的时候，我们的眼泪情不自禁地（流）下来了。其实包括我现在的情绪都有一点儿波动。

陈铭：

因为这背后毕竟有八年的时光，八年的青春，无悔地付出。现在回顾那八年的时光，有哪些在精神上的获得是您印象最深的？

曹根阳:

因为徐卫林院士总在跟我们讲，做一件事情往往遇到的困难是很多的。而这个过程当中，我们很多时候需要有一个精神，徐卫林院士总结了三个字，这也是我们团队一直在执行并且想要把它继续传承下去的，那就是“忍”“韧”和“仁”三个字。

首先说“忍”，我们很多时候是有保密要求的。我们不能写文章，不能写（申请）专利，没有时间和精力去做其他的项目。年终的时候一般来讲都是我们比较尴尬的时候。这个时候徐卫林老师就跟我们讲要忍得住寂寞。第二个是“韧”，原来我们这个团队在自我调侃的时候，说我们很多时候是在失败的路上又迎接了下一个失败。第三个就是“仁”，徐卫林老师所提出来的这个仁，他是想让我们这个团队能够去以仁爱之心相互包容。而这种包容能够让一个团队真正形成合力，这种合力才是我们最后去攻克一个又一个难题的法宝。

陈铭：

各位把这样的难关攻克，把国旗送到了月面上，岳教授，您听完之后有什么感受？

岳奎：

我刚才也关注到，曹教授讲到解决红黄串色的难题时提到的学科交叉融合的问题。2023年，习近平总书记在第二十届中央政治局第三次集体学习时强调，当前，新一轮科技革命和产业变革突飞猛进，学科交叉融合不断发展，科学研究范式发生深刻变革，科学技术和经济社会发展加速渗透融合，基础研究转化周期明显缩短，国际科技竞争向基础前沿前移。

现在许多领域（的问题）都是通过学科交叉融合的方式去解决的。刚才曹教授谈到的把纺织和机械工程融合在一起解决了这个难题。华中科技大学强调医工结合、理工结合，这都是在交叉。比如说，我们生产的全球最轻的人造的心脏是把医和材料结合，生产的质子刀是把医和机械工程结合。这些都是学科交叉给我们的生产方式、生活方式，甚至生命方式带来的变化。

陈铭：

听完岳教授的介绍，（我）愈发觉得在学科和学科的交汇处蕴含着巨大的科研探索空间和可能性，无论是理论研究，还是一线的实践。所以，我也想问问曹教授，我们刚才听到的这个蚕丝粉体技术，在其他领域当中有运用吗？

曹根阳：

有的，其实蚕丝作为一种蛋白质材料，它有很好的生物相容性。我们把它用到了人造血管里面——也是我们徐卫林院士另外一个小组在承担这个工作。这个工作实际上打破了国外相关领域（对我们）的“卡脖子”。

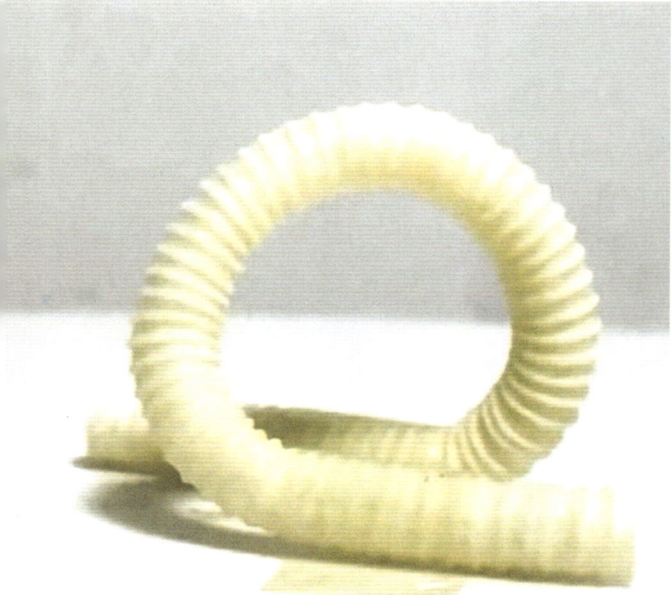

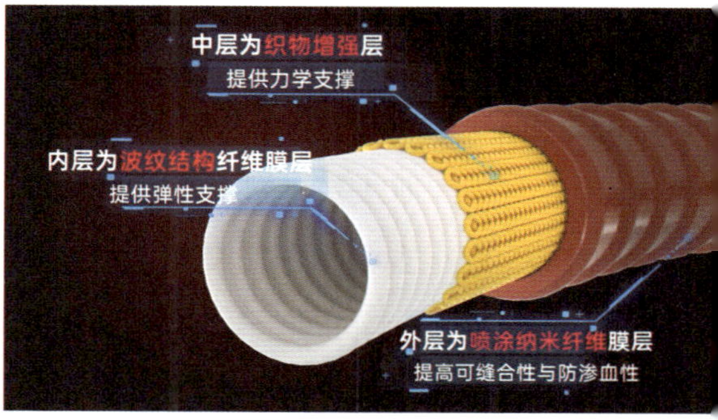

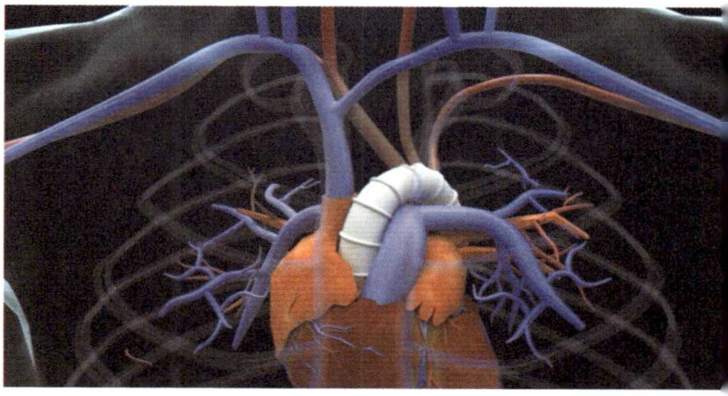

以往进口人造血管的口径一般在6毫米左右，那基本上已经到下限了。而我们把蚕丝粉体加进去之后，增强了小口径血管的生物相容性以及适应性。最终，它达到了2毫米的下限。（这）对于我们促进患有冠心病的这些病人的术后康复等，起到很好的推进作用。

陈铭：

您看材料科学上的创新，蚕丝粉体、人造血管，这算不算是医工融合的一个典例呢？

岳奎：

典型的医工融合。我刚才听到曹教授讲那么多，也看到武汉纺织大学通过航天重大工程去牵引技术，引领技术的发展，最终带动了跟我们民生相关的其他行业技术的整体提升，这个是很了不起的。

张维为：

航天技术对人类的贡献，特别是在应用方面直接造福人类，有时候我们很多公众不完全了解。他们会问我们航天花这么多钱，我们能不能看到身边的用处？

实际上，实践证明它带来的是巨大的实实在在的利益，比方说CT（电子计算机断层扫描），我们现在体检都要用的，本来是为了检查航天金属材料的内部的结构是不是牢靠。在中国，我们现在也看到大量的应用，比方说，最常见的就是我们北斗卫星、北斗系统的贡献，包括武汉当时建火神山、雷神山医院的时候，是北斗最精确的定位一次成型。另外，就是像我们（新冠）疫情当中的ECMO（体外膜肺氧合）携带式的，也是从航天产品中衍生过来的，诸如此类还很多。

岳奎：

包括我们的尿不湿最早也是应用到航天上。

陈铭：

我记得圆珠笔，还有运动鞋的气垫最初也是宇航服研究过程当中得来的。

曹根阳：

包括我们现在平常喝水的时候的RO反渗透膜，为我们提供净水的技术也是跟航天技术有关。

张维为：

包括你刚才讲的这个人工血管，可以做到这么细。我觉得很了不起，我们应该感激我们航天事业、航天工作者，以及像你们这样做出这么多贡献的人。中国科技工作者真是了不起。

武汉纺织大学 王栋教授团队故事

陈铭：

在传统的认知当中，纺织行业可能就是织布做衣服，但事实上，刚才我们听到了这么多的案例，我们突然意识到早已不是如此。纺织行业早已迭代升级，嵌入到非常多的领域当中。而王栋教授的团队研发了很多黑科技织物，我们一起揭晓一下。

王栋：

这个看起来是一张A4纸，但它其实是一种纳米纤维的过滤材料。这种精密过滤材料的孔径大小只有0.1微米或0.2微米，就是我们头发的一百分之一甚至两百分之一这么细。

它的用途很广泛，比如说，在生物制药过程当中把药液当中的细菌或者病毒去除掉。但是，如果我们用传统的消毒方法，像巴斯德消毒方法，它需要高温灭菌，那么它会破坏我们蛋白质药物的生物活性。所以，我们只能在常温状态下把细菌或者病毒百分之一百地过滤出来。那么，在这种情况下就需要我们这样一种过滤材料——它要把药液体系当中的细菌和病毒过滤出来。它还不能是百分之九十九过滤掉，必须是百分之一百。同时，我们还不能把有效的药液组分阻挡住，否则会丧失了药物的产率。所以我们用这样的一个纤维结构来达到最终目标。

陈铭：

现在我们所达到的技术水准跟海外同类技术相比大概在一个什么样的位置？

王栋：

长期以来，我们在微电子行业、生物制药行业，甚至是食品饮料行业，在这一种精密过滤材料上面，长期是依赖进口的。国外采用的技术叫"相转化法"。我们这个技术是我在美国读博士的时候，在实验室当中发现的一个偶然的现象。我用了十八年的时间，用了一条完全不同于国外的技术路线，很好地弥补了我们国家的一些供应链的短板，满足了不同行业发展的一些需求。我们现在已经能够实现产业化的生产，应该说解决了这个"卡脖子"技术。

陈铭：

所以，之前主动权是握在海外这些企业手上，他是不给还价（机会）的，你爱买不买。而且就提供这么一种，你爱要不要。所以，当我们有了更精细化的医学滤膜的需求的时候，陷入了捉襟见肘的困境。但现在自主知识产权带来的脊背的挺直，真的是谁拥有谁知道，这种感觉真好。

岳奎：

所以，习近平总书记强调，实践反复告诉我们，关键核心技术是要不来、买不来、讨不来的。

所以说，我们要奔着最紧急、最紧迫的问题去。

张维为：

我是感触良多，因为最近正好是华为的手机Mate 60又突破了外国的封锁，太鼓舞人心了。我也比较自豪，证明（我自己）对中国和美国有比较准确的把握，整体的把握。

我们强在什么地方呢？第一就是我们科技人员为国争光的这个情结非

常浓厚，你越是打压我就越是要超过你，而且还有自己的独门绝技，背后是扎扎实实努力，多少年厚积薄发。另外，确实就是人才放在那里（手机行业）。现在你看美国做了各种各样测试，华为的最新的手机，后来证明确实芯片是7纳米。然后就是鸿蒙操作系统，还有一万四千多个零部件，全是中国自己产的，不敢想象。实际上里面包括各个行业、各个领域，这是个标志性的实战（案例）。

为什么全国人民都这么高兴——它是个标志性的事件。我们有时候，有些人不自信，他看到这个应该自信起来了。这不是一般的成就，一般的国家做不了，我们做到了。而且，我最近看了一些外国的报道，他们真是担心。因为这个成功之后，一个全新的产业链就在美国之外形成了，是十万亿级、百万亿级、千万亿级的一个产业链。他们很害怕，但没有办法。这是你逼出来的，我们不想打贸易战。我们继续买你高通的芯片，但你不卖了。现在你说我要卖给你，我们是不会买的，我觉得少买一点儿或者不买都可以。

陈铭：

全新的市场可能都在我们的手中，在我们的面前和脚下正徐徐展开。这其实也是掌握了自主知识产权之后，我们刚刚说到的硬气的地方。我相信张教授刚才那句话——中国不缺乏真真正正想干实事的人，比如说我们面前的两位，还有两位背后的团队，还有两位背后的武汉纺织大学。

刚才武汉纺织大学的科研故事其实是中国众多高校的其中一个缩影。湖北作为科教大省，拥有丰富的科教资源，81位两院院士齐聚一省，131所高校培养着将近190万在校的大学生。目前湖北已经拥有30家国家重点实验室，同时还有无数充满朝气的科研生力军，让我们一起来看看他们的面貌。

短片画外音

湖北省高校云集，在各个高校的国家级科研基地中，朝气蓬勃的“科研生力军”介绍他们各自从事的科研领域：

我们把“北斗”的定位精度做到了1毫米级别，把“北斗”的定轨精度做到了国际组织公认的世界第一。

我们团队研发的大型永磁设备整体充磁技术提高了电机的装配精度和生产效率。

我们鉴定并克隆了水稻中首个调控显性雄性不育的基因。

我们团队多年来关注运动发酵单胞菌，助力我国双碳目标的实现。

我们利用生物酶法成功地实现了骨化二醇的高效生产。

我们测得了目前全球最精准的万有引力常数G值。

我们团队围绕钛合金等难切削零件的加工过程开展了探索，为我国工业的高质量发展做出贡献。

我们成功实现了材料的微粉化，废弃纺织品的回收再利用。

我们的工作聚焦在全球不断流行和爆发的蚊媒病，为人类和动物健康及医药产业提供新思路。

我们团队在导航技术领域不断拓展，在未来，导航定位将不受时空的限制。

（我们）团队针对“卡脖子”问题提出并实现了国产芯片全链条自主核心技术。

我们经受过挫折以后能够站起来重新去思考为什么、怎么做。就是很多科学家、很多实验室这样的努力，使我们国家的科研行业、生物行业

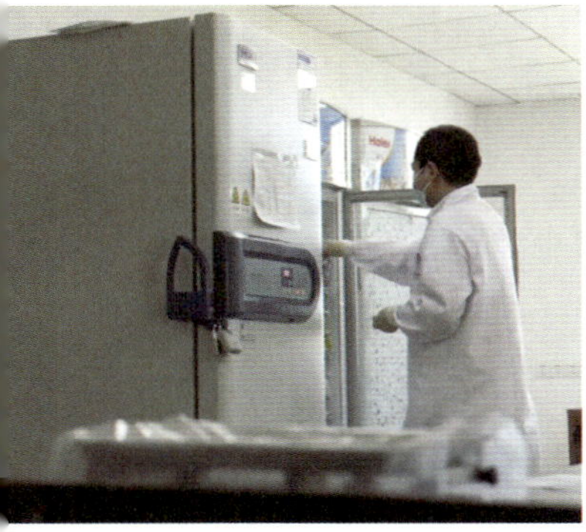

ROTOM

有一定的飞跃。

（我）相关的一个研究工作，它真正可以应用在航空、航天、船舶、海洋这样的一个国防领域，（希望）对我国装备的能力提升具有重大作用。

在2019年中美芯片“科技战”伊始，我选择在半导体光电芯片领域攻读博士研究生，虽然面临层层艰难险阻，但是我和我的科研团队依旧坚定执着。我相信我们的国产化一定可以跨越山海，终见曙光。

陈铭：

在短短的视频里，看到了非常多青春勃发的面庞和身影，甚至看到了我自己熟悉的校园。我看到了很多武汉大学的学弟学妹们，他们是那么年轻。但是（他们）眼睛里的光、脚下的步伐，充满着坚定的力量。

我想到了我们当年在学校里读书的时候，想到了走过飘落着樱花的樱花大道时远眺到的那些国家重点实验室的窗户里彻夜不灭的灯光。我想到了武汉水利水电的重点实验室与三峡。我想到了武汉大学国际法专业（师生）在钓鱼岛面临着国际法律争端的时候，在那个看不见的战场上，纵横捭阖，刀光剑影。这些青年一直没有停下脚步，还在继续向前飞奔。

张维为：

我正好想到复旦大学一个很优秀的老师，他已经不幸车祸去世了，叫钟扬。他是一位非常优秀的植物学家，是湖北黄冈人，曾经在中国科学院武汉植物研究所当过副所长，做种子的收集。他后来到复旦大学当研究生院院长，我有一些业务交流跟他聊过。

他非常敬业，非常有事业心，非常爱国。他要完成一个使命——因为国际植物种（质）库现在里边没有西藏的，他说我要填补这个空白。所以，十几年如一日，他每年去西藏。我不知道多少次了（有过统计的）。然后他又帮西藏大学开辟一个新的学科，一起做这个事情。他做了大量原创性的工作。我们有一次做节目谈到这个种子的意义，（他说）一颗种子可以救活一个国家一个民族，他坚信这一条。所以他就一生（全身心）地扑在事业上。我们现在复旦大学把这叫作钟扬式优秀教师。

陈铭：

他一生奉献给了种子的事业，而最后自己的生命也凝聚成了一颗精神上的种子，播撒在所有学术人的心田。当然湖北有如此浓厚的学术氛围，有如此强劲的人才支撑——是这些高校的人才输出支持着湖北提高科技成果的转移和转换的成效。

长飞光纤光缆股份有限公司 创新答卷

陈铭：

在湖北也有一家明星企业，他们交出了最新的创新答卷。现在在湖北我们一提到光纤，脑海中马上就能弹出一个词——长飞光纤。请郑总为我们介绍一下长飞光纤近年来在创新领域交出了怎样的创新答卷。

郑昕：

“答卷”，听到这个词呢，我们不由得想到2013年7月21日，习近平总书记到湖北视察的时候，第一次来到了长飞。当时我们的总裁庄丹向习近平总书记报告，我们有一个在中国梦下的长飞梦，我们想做到（产销量）世界第一。如果中国的每一个行业，都有企业做到全球数一数二，那么我们的国家也必定成为世界级的创新大国和经济强国。

实际情况是我们2016年做到了产销量世界第一，交出了一份科技自立自强、勇闯世界第一的答卷。所以，我们现在把每年的7月21日定为长飞的科创日。2023年7月21日，我们搬进了新的总部大楼，同时设立了院士大讲堂——让我们的光通信方面的专家、学者、院士给我们上课。

习近平总书记第二次到湖北视察的时候是2018年4月，又一次听取了长飞的汇报。当时我们展示的是光纤预制棒。我们总裁庄丹向总书记汇报，这个是完全自主知识产权的预制棒，而且已经做到了世界最大，拉丝速度最快，这一根预制棒能够拉1万公里光纤。

实际上，长飞的这个发展路径应该是一个引进、消化、吸收再创新的过程。由一开始的市场换技术，到现在做到了技术换市场。我们现在的光纤卖到海外，我们不受国外的技术、软件、人才等任何的“卡脖子”的因素的限制。

长飞本身从原材料，一直到我们的设备、我们的软件都是自主研发，拥有自主的知识产权。所以说，在这一点上，长飞牢记嘱托，走出了一条创新发展的路子。

岳奎：

长飞，也是我们华中科技大学马克思主义学院的教学实践基地。我每年都去——带我们的老师去，带我上课的学生去，让他们感受世界第一是什么样的。特别是武汉的光谷有很多这样的企业，都完成了这种转变。

其实要说起光谷，光谷的发展是中国改革开放40多年的缩影。一部光谷的发展史，就是一部中国的改革开放史在我们湖北大地、在我们武汉的具体呈现，可以深刻地展现出在党的领导下，我们光谷的快速发展。

YOFC

郑昕：

正如刚才岳教授说的，这个相辅相成的过程也造就了光谷。光谷，以光成谷。那么，这个光是怎么来的？有华工激光，有长飞光纤，也有烽火通信，等等。这些聚集到一起，就形成了习近平总书记说过的东湖新技术开发区在光电子信息产业领域独树一帜。这是对我们最高的评价，实际上也是对东湖新技术开发区、对光谷极高的评价。

武汉东湖新技术开发区宣传部供图

武汉东湖新技术开发区宣传部供图

陈铭：

光谷相信光，每一个光谷人都相信他们眼中和心中射出来坚定前行的光。你在问一个企业“企业梦”的时候，他的第一反应并不是说我要挣多少钱，我要带来多少利润。他的目标非常简单：世界第一。有了这样的坚定，并踏实前行，光终将到来。

云上学习团提问

学生提问：

光纤是现代5G乃至数字经济的基石，但是我们也看到了美国马斯克的“星链计划”，它号称将让全球每一个角落的人们都使用上高速的无线网络。所以，在未来，中国的5G会失去竞争力吗？我们会被弯道超车吗？

郑昕：

依我们看现在不存在这个问题。因为目前以光纤为代表的固定网络，叫作有线网络。它的特点是传输容量大、时延低、抗干扰能力强。而以卫星通信为代表的这些无线网络，包括我们的Wi-Fi（无线网络），它的覆盖面广。所以它们是一个相互补充的关系，目前还看不到一种取代另一种的可能。

张维为：

最近华为这个Mate 60出来之后，大家都在说一句话叫遥遥领先，真的是遥遥领先。我自己不是搞这个专业的，但是我很关心这个。新手机出来之后我看到一个评论，就是我们现在这个华为Mate 60是直接进行卫星通信的。它是和离地球3.6万公里的，我们原来发射的天宫一号，高轨道的（卫星）进行直接联系。

而马斯克的这个“星链计划”，它离地球1000多公里，还要地面有一个接收装置，才能够进行通信，所以可以说（华为）是遥遥领先。这是一个基本的判断，但是现在因为这个谜，还没有完全解开来，但是非常值得期待。

第二点，因为我经常去美国。美国的光纤远远落后于中国，我们是遥遥领先。三年前我看到的数据是美国的光纤的覆盖率只占到所有的cable（缆线）的五分之一。我们的光纤远远地领先美国，无论是覆盖率还是质量。所以它的5G（技术）整体落后，不光是这个5G技术本身，5G设备硬件落后也是整个的基础设施落后。

它有很现实的问题，首先它的光纤材料比较贵。第二（其次），它如果要用光纤来替代铜纤，整个人工费用它也支付不起。其实它的速度非常之慢，再加上体制的劣势，它完全是私营企业，不愿意到大农村去投资。这样一来，以后你出了大城市，各种各样的基础设施，包括数字基础设施、光纤基础设施都非常落后，手机就没有信号或者信号很弱。所以，我觉得，我们中国人喜欢遥遥领先是有道理的。

张维为个人演讲

美国发动对华“科技战”后，国内出现了很多声音。但我们不用害怕，最后为中美“科技战”后悔的将不会是中国，而是美国。原因有三：一是中国从此形成了强烈的共识，我们的新型举国体制开始高速运作。过去我们国内有争议，在科技发展方面，究竟是自主创新为主，还是走国际化市场化道路为主，但（与）美国的“科技战”使我们看到：核心技术是买不来的，要不来的。习近平总书记指出中国科技必须自立自强，这种共识的形成比什么都重要。我们国内许多产业都有一个说法，美国封锁什么，我们就能生产什么，而且还会有中国自己的独门绝技。湖北科技工作者的故事，从武汉纺织大学两位教授的“黑科技”到郑总分享的长飞公司光纤发展，到武汉大学、华中科技大学师生今天所展现出来的精神面貌，无一不体现出中国科技的自立自强精神。

二是中国的科技实力与中国具有世界最完整的产业链是联系在一起的，这使中国在大多数科技应用领域内已经赶上乃至超越美国。

三是在基础理论研究方面，中国正在后来居上。连续多年，中国在属于世界前10%的论文和世界前1%的论文被引用数（方面），已经超过了美国。在应用研究方面，根据世界知识产权组织2022年2月的报告，2021年中国国际专利申请量也是全球第一。许多美国科学家承认他们从中美科学合作中受益良多：中国实验室提供大量有用的资源，包括庞大的研究生团队，许多尖端设备以及海量而且往往独一无二的数据。

无疑，随着中国科技自立自强和高质量发展，我们必将以更快的速度走向世界政治、经济和科技舞台的中央。我们为能够亲身参与或见证这种伟大的历史变革而倍感自豪！

陈铭：

在湖北这片科技的热土上，一所所高校培育了无数的学子。而这些未来的生力军也正在为光谷这一片科技大走廊不断地输送着养分，为国家的发展积累力量。那些科研工作者们在科技的无人区上甘坐冷板凳，在攀登高峰的路上追光而行。

湖北高校多、人才多、两院院士也多，今天我们非常幸运得到了一份珍贵的来自湖北各个高校的院士们对青年的寄语，我们一起来看一看他们的嘱托和期盼。

短片画外音

院士寄语

少年强则国家强，青年兴则国家兴。（陈焕春）

在漫天繁星的轨迹里，我们看见世代的传说，也能看见人类的梦想，还能看见我们自己，更能看见未来的你们。（刘经南）

不忘初心、谦虚谨慎、持之以恒、快乐前行。（桂建芳）

我们的青少年也要奋发努力，早日长成参天大树，成为国家栋梁之材。（陈焕春）

只有想不到，没有做不到，可爱的年轻人，你们将是创造新奇迹的开始！（刘经南）

扫一扫观看更多精彩

第3篇

和谐共生

——中国式现代化的湖北画卷

嘉宾介绍

王茹，中央党校（国家行政学院）社会和生态文明教研部教授，兼任清华大学互联网产业研究院研究员、中国公共经济研究会理事。主要研究方向为资源环境经济学、生态环境治理、网络经济学。毕业于北京大学政府管理学院，获管理学博士学位。已出版《环境经济政策体系的优化与创新》《互联网经济时代的政府治理创新研究》等多部个人学术专著，在核心学术期刊和重要报纸发表学术论文数十篇。曾荣获中央党校（国家行政学院）首届十佳青年、优秀科研创新奖等奖项。

姚辉，神农架国家公园直属机关总支书记、科学研究院副院长，毕业于中南林业科技大学动物学专业，理学硕士，中国灵长类学会理事，中国共产党湖北省第十一次党代会代表，政协湖北省十三届委员。主要从事灵长类行为、生态和动物进化研究。近年来，主持、参与科技支撑计划等国家和湖北省重大专项、科技专项项目或课题10余项。在*Integrated Biology*、*Science Advances*等国际国内学术期刊发表论文64篇，其中SCI收录38篇，获湖北省科技进步二等奖1项、三等奖2项，出版专著6部，获发明专利1项。2015年被中共中央、国务院授予“全国劳动先进工作者”，被湖北省精神文明建设委员会授予“湖北省第五届道德模范（敬业奉献）”，被湖北省委组织部、团省委、省青年联合会授予“湖北青年五四奖章”，2016年入选湖北省贫困地区专业技术人才奉献岗位人选，2022年获神农架林区“神农英才”。

引子

我们跟随国际文旅博主功必扬的视角来到光谷豹澥湖，在这繁华光谷市中心的世外桃源里探寻国宝级动物青头潜鸭的踪迹。通过与虾塘塘主朱祥能、武汉市观鸟协会会长颜军的聊天，我们了解了更多青头潜鸭与武汉的渊源。功必扬来到湖北神农架，在一群研究金丝猴团队的带领下在神农架深处看到了可爱的金丝猴，了解了很多关于金丝猴保护的故事。生态变好了，金丝猴的数量也变多了，很多珍稀动植物的数量在近几年不断增长。这生动诠释了中国式现代化是人与自然和谐共生的现代化这一鲜明特征，展现了习近平生态文明思想在湖北的实践成果。

本集内容

陈铭：

中华文明历来崇尚天人合一、道法自然，追求人与自然和谐共生。中华民族在历史悠久的进程中逐渐形成“天人合一、万物一体”的自然观，蕴含参天地赞化育的生生意识、“民胞物与”的生命关怀，体现人与自然和谐共生的朴素思想。作为世界上最大的发展中国家，中国不仅坚持绿色发展、生态优先，推动美丽中国建设，也始终在力所能及的范围内向发展中国家提供帮助，成为全球生态文明建设的参与者、贡献者、引领者。

中国人的勤劳和开创精神在其数千年历史发展中发挥着至关重要的作用。放眼全球，中国取得了令人羡慕的成就，带来了一个又一个的奇迹。

下面我就带大家一起来见证一个奇迹的回归：全球独一份，首次公开的珍贵影像资料，“鸟中大熊猫”——青头潜鸭在武汉繁衍生息的完整链条证据视频。

视频内容

青头潜鸭交配、雌鸭孵蛋、雏鸭孵化、雌鸭带雏鸭觅食、集群活动、起飞降落等珍贵镜头，更有多样物种在此地和谐共生的画面。

武汉市观鸟协会　颜军拍摄

陈铭:

各位看到这些游水玩耍嬉戏打闹的小鸭子,是不是觉得很可爱?虽然在豹澥湖的虾塘里我们一看就是一大窝,但其实这群可爱的青头潜鸭是极度濒危的物种。20世纪80年代以来,由于栖息地丧失、非法捕猎和人为干扰等原因,青头潜鸭的种群数量急剧下降,已处于灭绝的边缘。

王茹:

2020年9月在联合国生物多样性峰会上,习近平总书记发表了非常重要的讲话,他在这个讲话中指出:“我们要同心协力,抓紧行动,在发展中保护,在保护中发展,共建万物和谐的美丽家园。”湖北省地处华中腹地,承东启西,衔接南北,同时山地广袤,湖泊众多,所以孕育了多姿多样的生态系统,保留了非常多的野生动植物。

陈铭:

不知道您来了武汉之后品尝了本地美食了吗?

王茹:

鸭子。

陈铭:

没错,湖北之前因鸭而成名,因为我们都喜欢吃武汉的这个鸭脖子、鸭舌头。网上之前有一句热搜上的调侃——“没有一只鸭能活着飞出湖北”,但这一次不一样,武汉鸭不仅飞出了湖北还飞向了全世界。这就是在武汉召开的第十四届《湿地公约》缔约方大会期间,首次登上了“发现武汉”的海外账号,成为武汉城市的新“代言人”的青头潜鸭。

我们这一次为了向全球推荐湖北,特意邀请了全球文旅博主——阿根廷“湖北人”功必扬来探寻青头潜鸭和武汉的渊源。

视频内容

武汉因其丰富的湿地资源，已经成为青头潜鸭这一珍稀物种在全球最南端的繁殖地。各种鸟类是武汉湿地环境改善最直接的感受者。2015年学界还认为青头潜鸭最南端的繁殖地是河北衡水，但是，其实2016年青头潜鸭就在武汉安家了。青头潜鸭在武汉的繁殖地之一是东湖新技术开发区豹澥湖朱祥能养殖的虾塘里。

从2016年开始，朱祥能的虾塘多了一群不速之客，（这群不速之客）可能觉得这里水美虾肥，居然从此就落户安家，繁衍生息，队伍越来越壮大。朱祥能觉得能来落户就是缘分，反正也吃不了他多少虾子，所以并未加以驱赶，一群野鸭和一个虾农就这样其乐融融，和谐共生。

后来，朱祥能遇到武汉观鸟协会的人来他的鱼塘拍鸟，被科普了才知道这些“野鸭”其实是国宝动物青头潜鸭，于是朱祥能全力协助观鸟协会成员对青头潜鸭进行观测和更专业地保护，他自己也在这样的过程

里逐渐成为半个鸟类专家并加入了武汉观鸟协会。

而武汉人对青头潜鸭的重视到什么地步：甚至光谷空轨的IP吉祥物都是青头潜鸭。

王茹：

刚才看到这个视频，我也是特别激动，我觉得这也是我们这几年生态环境保护取得明显成就的一个体现。这个视频中我特别感动的一点是，武汉市民对于这些珍稀鸟类保护的自觉行动，而且在这个过程之中，他们表现出非常强（高）的科学素养，比如说这个虾塘的塘主，他可以架设这种红外的相机来观测，以及这个保护的队伍还有这么科学合理的分工。我个人感觉，这也是新时代我们生态环境保护的一些新特色的表现。

陈铭：

没错，刚刚提到除了这个（青头潜鸭）数量之外，位置也是让人震惊。73只青头潜鸭出现的地方是武汉光谷，这本身就是一个繁盛之所，（而它们竟出现在）其中的一个私人的虾塘。我们在里面看到了非常多让人垂涎欲滴的小龙虾的身影，这我就很奇怪了，武汉的湿地那么多，是只有这儿有“霸王餐”吃吗？

王茹：

其实这些动物是非常聪明的，比起野外的一些栖息地，它们可能会觉得私人虾塘（里）吃得更多，也会有比较完整的生物链，有非常开阔的水面，有大片的芦苇荡，这样就可以为它们提供非常好的觅食、繁殖，以及躲避天敌的这样一些场所。同时还有一点就是，这个虾塘塘主对这些鸟类的保护行为也让它们非常安心，所以能够无忧无虑地在这里生活，这是难能可贵的。

张维为：

这个前面提到的《湿地公约》缔约方大会在武汉举行，实际上是很有意义的。它实际上是对武汉、湖北、中国在湿地保护方面工作的承认，包括这公约本身，它最早是英国、瑞典等十几个国家提出来的，一个重要原因是他们（这些国家）经历了工业革命，已经发展起来了，后来突然发觉生态出现了问题，特别是当时的候鸟迁徙的路线，他们觉得应该签个公约，《湿地公约》实际上是为这个目的开始的。我们这点认识得比较晚，到1992年才加入公约，一旦加入这个公约，我们是十分的认真，很快我们就后来居上了。现在中国是世界上唯一明确地把生态文明建设当作国家战略核心理念来做的一个国家。刚才这个视频里放的故事很有意思，它是从上到下形成的共识，普通老百姓也越来越认同这个理念，所以场主才觉得我也要做保护工作。

陈铭：

保护自然是理所应当，但这里边还有一个小小的冲突：我们生物多样性保护得好，然后生物的种群的数量就多，它有没有可能会吃到我们人类自己所养的这些鱼虾，田里的食物啊？农民的收益可能会受到影响，这个时候政府是不是有一些具体的政策来保障人民的合法权益？

王茹：

习近平总书记曾经讲过：“抓生态文明建设，既要靠物质，也要靠精神。”

党的二十大报告指出：“建立生态产品价值实现机制，完善生态保护补偿制度。”

在这个方面呢，我们这些年确确实实在不同的地方都有很多的尝试，在2014年，武汉就在全国率先实施了湿地自然保护区的生态保护补偿的全覆盖，这个在全国起到了一个很好的示范性的作用。因为它保护了这些保护过程中做出努力的这一部分人的损失、机会成本，尤其是他的一些经济性的成本，我们尽可能对他进行补偿。

陈铭：

刚才视频里有一句话很打动我，他说："让它们吃吧，这些小鸭子又吃得了我多少虾呢。"这是我们武汉人内心里、灵魂里的一种劲儿。有了这种劲儿啊，双方的双向奔赴，有政策的关怀，也有我们群众的理解，那我相信这种生态只能是蒸蒸日上。

所以说："人不负青山，青山定不负人。"党的十八大以来，生态文明建设谋篇布局更加成熟，（党中央）把生态文明建设纳入"五位一体"总体布局，生态环境质量改善成效显著，越来越多的珍禽猛兽和奇花异草开始回归、重现，展现出自然之妙与生态之美。这正是我国生物多样性保护和生态环境保护取得扎实成效的体现。

在湖北这片土地上最让我感到亲近自然的地方还有一个——神农架。这一次功必扬拜访了"国宝鸭"之后，他也去到了神农架，去寻找那儿的高山精灵，我们一起跟随他的视角来看看。

视频内容

这是全球文旅博主功必扬第二次来到湖北神农架，此行的目的是再次找寻神农架的旗舰物种——川金丝猴。在此之前的2016年，他第一次来到神农架邂逅了金丝猴厚厚，时隔七年后的今天，看还能不能找到厚厚。

在神农架大龙潭，这里有全球首个金丝猴野外研究机构——大龙潭金丝猴科研基地。（这里正有）一群来自中国科学院大学和中南林业科技大学的研究生（采访），在他们的带领下，功必扬找到了金丝猴群。经过辨认，金丝猴厚厚今天没有来到这里，但是遇上了厚厚的儿子玮玮，如今玮玮也是一个猴群家庭的家长（主雄）。

功必扬和厚厚（摄于2016年）

功必扬和玮玮（摄于2023年）

陈铭：

野生金丝猴在我心目当中，跟人的距离不是遥远的，完全不怕人。它会用手摸你的衣服，好像跟人产生了感情一样，它们为什么不惧怕人类？让我们有请神农架国家公园科学研究院副院长姚辉为我们解答。

姚辉：

我和同事们从1992年就开始做金丝猴的研究了，当时金丝猴是神农架的主要保护对象之一，必须要对它进行监测，所以我们成立了专班，带上帐篷和食物，在野外追踪金丝猴。它们走到什么地方，我们就跟到什么地方。刚开始，它们警惕性非常高，我们也和它们保持一定距离，在追踪过程中我们的距离在慢慢拉近，从刚开始的1000米、800米、500米，最后大概300米都能够看见它们。

真正取得突破，能够近距离接触（它们），还是（发生）在2004年冬季。那时候，我们发现金丝猴食物非常匮乏，所以我们在金丝猴活动的主要线路和区域投放一些食物，起初它们不吃，后来我们就用树衣包裹一些苹果，慢慢引诱它们吃。直到有一只金丝猴开始吃苹果。吃了一个星期以后，它的小群体里有几个胆子比较大的也跟着吃，最后它的家属也吃。所以，2004年这个冬季，我们跟金丝猴的距离从300米到250米、200米这样慢慢拉近，最后实现了非常近距离的接近，才真正开启了对金丝猴的保护研究。

刚才我们在视频中看到的那些金丝猴，它们大概有5到6个家庭，都是当年我们最初接触到的猴群的后代。

姚辉与同事在野外追踪金丝猴

姚辉与同事在野外追踪金丝猴

陈铭：

我们的“真理档案箱”中珍藏着一份关于当年研究金丝猴的“记忆”，这是一份“金丝猴野外研究手册”和一副望远镜，这厚厚的一沓研究手册也见证了当年研究人员的十年如一日的坚守，也请姚院长向我们介绍这些物件背后的故事。

姚辉：

最开始的时候，我们只能用这个望远镜远远地看着猴子。用这些记录表，记录一些现在看来非常幼稚的内容，因为最开始我们观察到的猴群数量不多，只有28只左右。我们当时为了区分它们，给它们取了一些名字，有时候甚至会用工作人员的名字命名。

现在其实不太会用到这些记录表了，因为你肉眼就能够观察到它们，跟它们也已经很熟悉了。

让我们印象最深的一只金丝猴叫“大胆”，因为它当时第一个敢吃我们的苹果。这些年下来，我们全程见证了它的成长，到成家，再到家族繁衍，最后到死亡这整个过程。

姚辉和金丝猴“大胆”

“大胆”在7岁时第一次挑战家长的时候，另外一个家长把它打得头破血流，皮肤和组织脱离了，看起来非常凄惨。虽然第一次打架它没有胜利，但是非常坚强——自己到野外找草药治病。半个多月后它“王者归来”，身上的伤已经好了，又去挑战别的家长，把最猛的一个家长打下来，并取代了它，然后当了九年的家长，它的“王朝”最鼎盛的时候有17个配偶。

可以说“大胆”是我们这一批金丝猴野外研究人员印象最深刻的，但是其他的金丝猴我们也是如数家珍。我们有一个最厉害的工作人员，他能认出100多只金丝猴，并能叫出它们每一个个体的名字。

陈铭：

没有这么多年来每天的仔细观察与守护，是不可能认出这么多只金丝猴的，据说姚院长和同事们当时在野外监测的时候，平均一年下来，和金丝猴待的时间比家里人都长，想问问姚院长，您对金丝猴是一种怎样的情感？

姚辉：

我是土生土长的神农架人，我刚毕业的时候，通俗一点儿说，就是搞当地旅游的。后来因为工作就开始接触并研究金丝猴，可以说，是金丝猴改变了我的人生轨迹。为了更好地研究金丝猴，我工作后又跑去进修学习，回来后继续进行更专业的研究。可以说我们那有一批人都因为金丝猴而改变了人生轨迹。所以，我们这群人对金丝猴的感情还是很深的。

这么多年来，我们能与金丝猴近距离接触并研究记录，我们经历了一个非常长、非常艰难的过程。现在，当人们每次提到金丝猴，说神农架是金丝猴的故乡的时候，我们会感到非常激动。

陈铭：

作为湖北人，我们一听到金丝猴，确实马上会想到神农架，金丝猴作为神农架的旗舰物种，在世界上都很受欢迎。与此同时，我也很好奇神农架还有哪些其他有意思的野生动物，请姚院长为我们介绍。

姚辉：

近十几年，神农架的生态环境明显变好了，很多之前很少见的野生动物回归了，去年，我们回收了一批在野外布设的红外相机，发现了大量珍稀的野生动物画面。

红腹锦鸡

黑熊

鬣羚

豹猫

黄喉貂

小麂

姚辉：

我们在野外对野生动物监测，发现种群数量都在逐步增加。我们最初建立自然保护区统计鸟类只有200多种，现在我们统计到有400多种，占湖北省的百分之七十几了，占中国的百分之二十多，神农架面积只有中国国土面积的0.03%，但是物种占全国的30%。在这么小的区域内，野生动物的分布密度非常大，它们的种群和数量在增加，就说明生态环境正在不断改善。1982年的时候，神农架的森林覆盖率只有63%，如今神农架的森林覆盖率已经超过91%。

神农架面积只占到整个国土面积的0.03%，但它所有的物种的“面积”已经占到中国的30%了。所以之前是“人进它退”，现在是“它进人退”。

王茹：

最大的感受就是两个字“感动”，四个字就是“非常感动”，我们这个生物多样性能够这么快地恢复，离不开像姚院长和他的团队这样一批有情怀的人，几十年如一日，在这个过程之中付出的努力。除了人为的努力之外，这背后有非常重要的战略在做支撑。习近平总书记在2018年5月18日的全国生态环境保护大会上，有一个非常重要的表述，从具体的措施来看，其中有特别重要的一条，就是三区三线的划定，即把我们整个国家国土的主要空间按照它的主要功能划分成三大类功能区，其中对应着三条基本控制线，那就是生态保护红线、永久基本农田保护红线以及城镇开发边界，尤其是这个生态保护红线，它是我们保护自然环境非常重要的一条底线。

我们划定的范围还是比较大的，占到整个陆域国土空间31.7%左右，那么在这个生态保护红线里边，我们把最核心的一个区域叫作自然保护地。这个自然保护地分三大类，包括国家公园、自然保护区以及自然公园。神农架我觉得就是给了我们一个非常非常好的范例。

陈铭：

所以，这一方面有我们政策的制定，那另一方面站在老百姓的角度来讲，是不是他们面对自然的时候的那种意识和状态也会发生变化呢？

姚辉：

因为过去的老百姓，对林子、动物，首先是想怎么去利用它，而现在更多的是怎么样去保护，包括看见受伤的动物会让我们去救护，包括老百姓遇见毁林开荒、环境污染之类的行为也会主动举报，搞公益诉讼，不需要我们管理机构出面，老百姓自动说真话。

过去的时候，老百姓挖一些中草药拿出去卖，你现在让他去卖，他也不会卖了，因为对资源进行破坏获得的这种收益没有他现在从事的工作的收益多。去年我们对社区居民进行了一个调查，收回的300份问卷中，89%的老百姓都认为保护野生动物、生态环境给他们带来了很多的红利，产生了很多实实在在的效益，老百姓也是很高兴的，所以他们都支持对生态环境的保护。

张维为：

这个我听了是蛮有感触的，因为我走过世界100多个国家，我（20世纪）90年代去哥斯达黎加，这个国家很小，但是它有非常丰富的热带雨林。当时因为它靠美国比较近，美国快餐业正在迅速发展，所以他们就把那个热带雨林砍了养牛，结果发觉这个热带雨林的土层是很薄的，是不适合搞畜牧业的，后来他们总算意识到了，就开始保护原来的雨林生态，（将其）变成最大的旅游资源，好在经济上并没有受到太大的损失。

20世纪90年代，我参加了联合国的气候变化的一些会议，包括第一次联合国气候变化大会（COP1），我当时也很担心，国内当时面临脱贫问题，我就跟外国专家讨论如何顾及环保，他说："你看我们德国现在到处都是森林覆盖，但都是假象，我们这个森林都是战后重建的，上百年的战争，然后工业化，大量的原始森林都破坏掉了，我们的森林是人工森林，里边一只狼都没有。"他还说，你们中国有世界最丰富的生物多样性，你这个保护好就不得了。所以，我听了，（认为）像你们做的工作就是伟大的工作。

陈铭：

张教授提到一个名词，确实让我也很震惊——"假"森林。当然"假"是要打引号，它是指人工培育和种植的参天林木，这看起来是遮天蔽日，但其实内部的生态链的完整性啊，是不可同日而语的，所以，这个意义上我们可能要更加珍惜（原始森林）。

我们也听说过神农架有很多神奇植物，这一次，全球文旅博主功必扬也深度探访了神农架的这些神奇植物，我们也跟随他的视角一起来看看。

视频内容

功必扬：

世界花园在哪里，不少人的答案会是瑞士，但是我认为世界花园是湖北的神农架，从海拔400米到海拔3000米，在不同的海拔梯度上生长着不同季候的植物，简直就是一座天然的植物博物馆。

（我）从当地人那里了解到神农架有很多珍稀、神奇的植物，其中有很多都有着很高的药用价值。我带着对植物的好奇来到了神农架国家公园官门山实验室，负责人姜治国主任带我在实验室内参观。据说在里面走路一定要小心，因为随便一脚下去，你可能就会踩到国家级保护植物。

在里面，我看到了消失了一个多世纪的小勾儿茶，还看到了孑遗植物珙桐……

让我印象最深的还是秦岭冷杉，因为它五年才生长5—8厘米，那么，神农架野外那么多参天大树得经历多么长的时间跨度？

神农架正是有很多像姜治国这样的研究人员，他们守得住孤独，耐得了寂寞，日复一日地呵护着这些似乎一成不变、又不起眼的小树苗，静待它们长成大树，成长为密林。

陈铭：

看到功必扬和我们的科研人员的交流，我愈发感慨这一份植物科研的不易。我突然意识到，人和这些植物的时间尺度是不同的，三四年的时间，十公分的高度，六七年也就是二三十公分，那它要成长成几十米需要千百年的时间，这在人类史上，要跨越不知道多少代人才能抵达。

有一次我们因节目录制到了山东的青州，在李清照女士的院子里看到了一棵古树，大概有800多年的时间，我们站在那树前的时候，我们意识到就在同样的位置，在同样的这一棵树下也站过李清照。那个时候，（我们）心情澎湃，时间尺度的拓宽让我们觉得身边的那些烦恼、忧虑、焦虑是多么渺小。

反观我们的科研人员，他们的回馈是极慢的，是需要千百年才能够展现出价值的，所以特别想问一问姚院长，就是这些珍稀植物的培育和研究如此困难，时间的跨度如此之大，它给我们神农架会带来哪些直接的好处呢？

姚辉：

实验室培育的这些，都是我们工作人员从野外“抢救”回来的。实验室从2010年成立以来，培育出了珙桐、红豆杉、钟萼木、香果树、洪平杏、神农香菊、小勾儿茶等二十余种上万株国家重点保护、珍稀濒危、极小种群物种和珍贵药用植物。在早期，它们几乎都是极濒危植物，面临灭绝。经过我们以及全国各地多年的保护工作，很多植物从“极危”转成了“易危”、从国家

珙桐树盛开的“鸽子花”

一级保护植物名录中转到了二级保护植物名录中。

我在这里重点说一下“珙桐”，它属于孑遗植物，也就是说，它在二三万年前就存在了，是“活化石”，也是植物中的“大熊猫”，具有非常高的研究价值。珙桐有“千花一果”之说，自然条件下果实发芽率不足1%，“有花难有果，有果难成苗”是珙桐濒危的重要原因。到20世纪80年代末，神农架采用尿液浸泡的办法，成功把珙桐种子的发芽率提高到70%，经过这么多年的培育，现在大家在神农架林区的很多地方都可以看见珙桐。

云上学习团

请问张维为教授，就像恐龙灭绝一样，物种的灭绝是自然的选择，那么对于那些濒危动（植）物，我们还有必要去花费人力和金钱去保护它们吗？

张维为：

确实，我们花费了大量的人力、物力、财力去保护大自然、保护生物多样化，我想主要的原因就是，过去一个世纪甚至更长时间内，随着工业化、现代化进程，（我国）各种各样的这个物种也好、生物多样化也好，都退化得很快。江豚也好，上海附近的大闸蟹的数量也迅速地减少。

这都是差不多一个时间段内发生的，这说明整个长江水的生态出现了问题，这个是我们最担心的，它不是一个简单的一个物种的消失，它可能代表的是整套的生态变化带来的影响，这是我们最担心的。所以，我们为了避免这种现象恶化下去，我们说无论如何（我们也得）尽量地保持这个多样性。那么，现在看来效果是好的。所以，我觉得，我们还是要有这样的一个意识，就是人类有对于这个生物多样性（保护的义务），因为可能很多潜在的对人类的益处，我们还没有真正地搞清楚。我们先把它保护下来，然后呢，以后有时间有精力，我们再来研究都可以。

陈铭：

请问姚院长，大家总是在说神农架物种丰富，到底有多丰富呢？神农架在全球范围来说，是一个怎样的存在？

姚辉：

神农架是全球生物多样性保护示范基地，几乎囊括了北至漠河、南至西双版纳、东至日本中部、西至喜马拉雅山脉的所有物种，是实至名归的"物种基因库"，称为全球物种的"诺亚方舟"也毫不为过。

生物种质资源库是国家战略性物质资源储备，是基因资源保护的重要手段。

王茹：

我也是感触良多，神农架就是一个特别好的例子。人工的保护主要有三个方式，第一个就是就地保护，也就是野生栖息地。它就在这，你去把它保护好。第二种叫迁地保护，它在这个地方有可能濒危了，我们把它迁移到其他的，更适宜它生长的，不管是实验室的环境，还是其他的自然环境之中。第三种就是基因库或者叫种质库。其实，我们看到神农架在这个保护的过程之中，它恰恰是三种保护方式都有所体现。所以，它最后才取得了这样一个人和自然共生的效果。

张维为：

保护生物多样性非常重要，为什么？因为当我们还未充分了解到全球生物对我们人类生存的意义时，地球的生物多样性正在快速消失之中。据统计，在过去一个世纪的时间里，人类的各种各样的活动已经使物种灭绝的速度是其自然灭绝速度的百倍以上。如果按这种速度持续下去，最终可能威胁到人类本身的生存，更何况许多生物本身还能以各种形式造福人类。我们今天讨论的保护青头潜鸭、金丝猴、珍稀植物的种质资源，落实《湿地公约》，等等，都是中国与国际社会共同保护生态多样性努力的一部分。

我们在森林、湿地、海洋这几大生态系统的保护上都取得了突出的成果。仅在过去10年中，中国的森林面积增长超过7000万公顷，居全球之首。我国的生物遗传资源的收集保藏量也位居世界前列。各类自然保护地总数量超过1万处，约占国土面积的18%。超过90%的陆地自然生态系统类型和71%的国家重点保护野生动植物种类得到了有效保护。我国的湿地保护也走在世界前列。截至目前，中国已建立900多处国家湿地公园和众多湿地保护小区。

悄然之间，在保护生物多样性的过程中，我们的城市，我们的农村，我们的山水林田湖草沙都变得越来越美，人与自然越来越和谐，也做得越来越好。在生态文明建设和生物多样性的保护过程中，我们也经历过挑战和挫折，但我们始终没有放弃，我们一直在探索中前进。最终，我们在人与自然的和谐相处方面取得了巨大的成功。我们都是这种和谐相处的参与者和受益者，这也成了中国式现代化的主要特征之一。

陈铭：

“丰富”本身，就是一个极具有生命力的价值。我们保护物种多样性，绝不仅仅是在保护人类，也绝不仅仅是在保护地球，我们是在保护整个系统本身的活力和生命力。当然，在中国的古代，文人墨客也无数次歌咏过我们身边的自然的丰富性。从文学到艺术到自然到理性，都指向一个不争的事实——我们必须保护物种的多样化。在跟我们周边的自然相处时，真心地希望每一个普通人都能意识到这种责任，在日常的生活中把它践行下去。

扫一扫观看更多精彩

第4篇

互联互通

——中国式现代化的湖北贡献

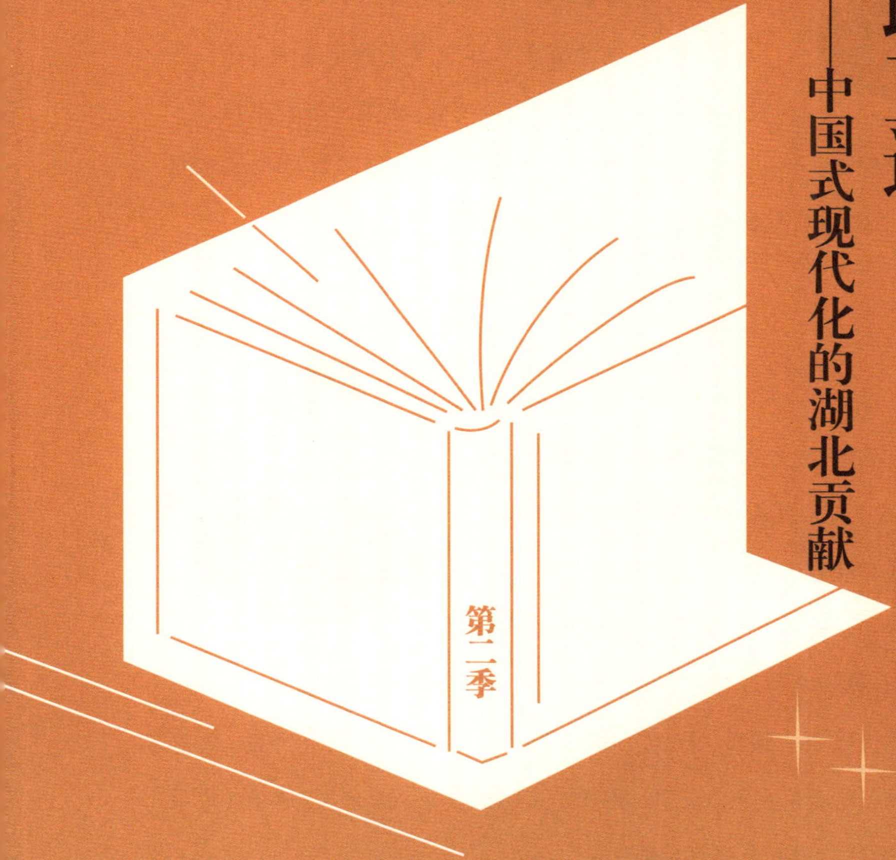

嘉宾介绍

毛伟琦，中共党员，正高级工程师，中铁大桥局总经理、党委副书记、董事，兼任桥梁智能与绿色建造全国重点实验室副理事长、中国钢结构协会副会长、湖北省土木建筑学会副理事长、茅以升科技教育基金会桥梁委员会委员。长期从事桥梁设计、科研工作和企业管理工作，主持和参与建成了30余座大桥，突破数10项技术瓶颈，主导推动了桥梁施工大型装备现代化、智能化进程。

肖汝诚，博士，同济大学教授，博士生导师，中国土木工程学会桥梁及结构工程分会理事长，《土木工程学报》《应用数学与力学》等杂志编委，《桥梁》杂志编委会副主任。主要研究领域为大跨度桥梁结构体系、新材料研发及其在桥梁工程中的应用、桥梁结构风险分析与评估、桥梁监测评估与信息管理系统等。主持或参与自然科学基金重大及面上项目、973及863计划项目多项，获科技进步奖、政府咨询奖等10余项，发表论文200余篇，其中被SCI、EI收录100余篇，著有《桥梁结构体系》《桥梁结构分析与程序系统》等。

引子

中国式现代化有哪些显著特征？我们在实现中国式现代化的道路上做出了哪些令全世界称道的壮举？中国现代桥梁总数超过100万座，为什么偏偏武汉被称为“桥都”“世界设计之都”？恰逢“一带一路”倡议提出十年，看中国桥如何连接世界，完美阐释中华文明特征。

本集内容

陈铭：

2023年7月20日，国家主席习近平在北京钓鱼台国宾馆，会见了一位百岁客人。他是中国人民的老朋友、传奇外交家基辛格博士。

为了表示对基辛格博士的欢迎，中方将会见安排在钓鱼台国宾馆的5号楼，那是基辛格博士首次见到中国领导人的地方。同时，中方为基辛格博士准备了极具中国传统文化特色的午宴。

午宴餐台上有寿桃、仙鹤、如意等具有鲜明中国文化符号的餐品，而在餐台正中央，是一座用植物和鲜花搭建的具有中国传统文化特点的五孔桥。这座桥与宴会厅壁画上的“钓鱼台五孔桥”遥相呼应，寓意着基辛格博士作为中美两国人民友谊桥梁的身份。

中国文化里，我们经常用桥来表达联结彼此、友好沟通的内涵，以及互相理解、和平包容的文化精神。可以说，桥梁作为一个文化符号，是中华文明的一个重要横截面。今天，就让我们以桥梁为切入点，通过桥的历史和发展，来领略中华文明筚路蓝缕，开拓创新的文明轨迹。

有人说，中国桥文化和桥的历史发展，映射了中华文明发展的脉络和特性，肖教授您怎么看？

肖汝诚：

习近平总书记曾经总结提炼中华文明具有五大突出特性，那就是连续性、创新性、统一性、包容性、和平性。我们考察中国桥文化的历史和发展，能够清晰地洞见这五个特性。

陈铭：

我们经常说，中华文明历史悠久，源远流长，未曾断绝而且可以追溯。比如，在中华文明的范畴内，谁发明了火？燧人氏。谁发明了医药？神农氏。那有人发明桥吗？

肖汝诚：

从传说的角度，还真有。上古时期发明桥的人比大禹还早，叫蟜极，（是）黄帝的孙子，少昊的儿子。传说他看见爸爸每天外出要么蹚水要么游泳，很辛苦，于是砍倒大树联结水陆，成了桥。传说中就认为他是第一个发明桥的人。

实际上，中国的很多传说都是如此，它不一定有历史确切记载，但是却一定程度上反映了真实历史。这个传说至少印证了一点，在四五千年前的中国上古时期，人们已经会利用自然搭建桥梁了。

陈铭：

所有的人类文明发展，都要经历了解自然、利用自然、改造自然的过程，我们中华文明也是如此。中华文明历史上桥的发展当然也遵循这个规律。

毛伟琦：

按照现在对桥的定义，大自然就是桥梁界的“祖师爷”。河里的水位下降，水中石头裸露出水面，就是自然界中天然的“碇步桥”；一群猴子过河，一个个上去连成一长串，这就成为一串“猿桥”，形式上就是现代所谓“悬桥”； 荷叶漂浮水面，青蛙蹦蹦跳跳，这就是自然界中的“浮桥”；还有那些因自然因素倒下来的树木，落于河上可以用于跨水的便是“独木桥”，也就是最初的“梁桥”；还有，比如大家去山区旅游，会看到大自然地理环境造就的千姿百态的“石拱桥”。

我们人类会受到自然界当中这些桥的启发，利用智慧主动去建造越障的桥梁。但是有了启发有了创意还不够，技术还得跟得上。

中国历史上，在西周、春秋到战国以前，人们建桥的结构和技术都比较简单，以木梁桥和浮桥为主。到了战国就不一样了，人造石拱桥出现了。战国时期，中国的冶铁技术已经发展了，铁质工具的大规模应用，意味着可以对石料进行高级处理了。石拱桥的建造技艺，终于被人类稳稳拿捏了。

陈铭：

您刚刚提到的浮桥，很多人会想到《三国演义》里面，曹操在赤壁之战中把战船连成一片形成一个大浮桥。历史上赤壁之战有没有这么干不确定，但是古代确实有这种水战战术——用铁环把战船首尾相连，形成战船浮桥，方便作战和调度。

肖汝诚：

这里还有一个冷知识，“桥”这个字，目前最早见于战国时期的文字。

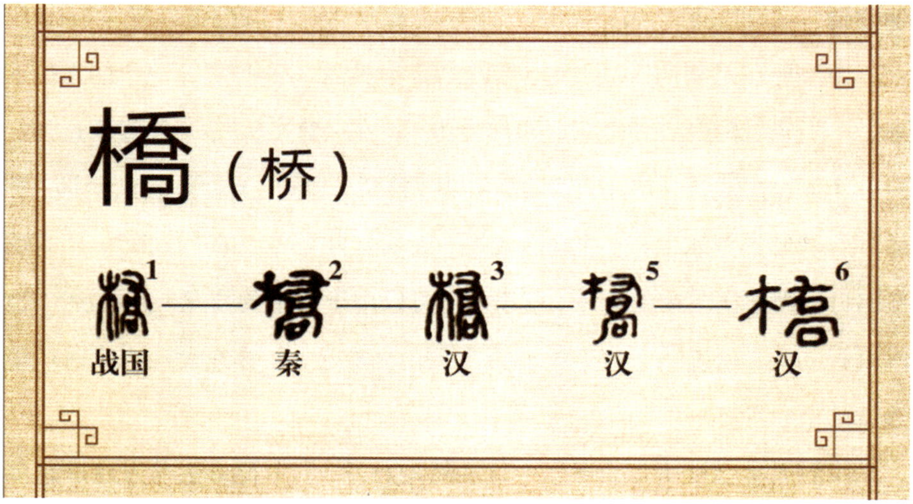

我们有理由相信，正是因为中国建桥技术在战国时期得到了飞跃式的发展，所以才需要有专属对应的文字进行记载。

所以，中国桥文化的发展和中国古代各方面生产技术的发展是同步的。到了隋唐，中国桥梁发展逐渐进入了一个鼎盛时期，标志性的桥梁就是隋朝修建的赵州桥。一直到700多年后，欧洲才出现了和赵州桥同样技术的石拱桥。

到了唐宋时期，中国古代社会在一个时期内的稳定与统一，使得工商业、交通运输业和科学技术水平都高速发展，中国成为当时世界上最先进的国家。经济中心的转移使得各地技术相融合，促进了经济和技术的发展，又进一步促进了桥梁的发展。

大家熟悉的北宋名画《清明上河图》整幅画的最中间，就是一座规模宏大的木质拱桥，它叫作虹桥。围绕这座大型虹桥，北宋繁华的城市面貌徐徐展现在我们眼前。

毛伟琦：

我们的桥梁学家唐寰澄先生，在《中国科学技术史·桥梁卷》中称这种木拱廊桥是世界桥梁史上绝无仅有的一个品种。

中国古代这些桥梁在世界桥梁建筑的历史上都享有很高的声誉，唐宋时期的中国古桥梁（技术水平）是当时的世界第一。历史上几乎所有关于桥梁的重大发明和成就，都是这个时期的中国创造的。如果要说明中华文明曾经的辉煌，中国这些古桥梁是最有力的证明。即便我们现在的桥梁技术和古代已经天差地别，但是我们回看中国古代这些桥，依然会为古人的智慧和创造力叹服。中国的古代桥梁，那还真是有点儿才华在的。

陈铭：

中国古代桥梁建造的技艺令人叹为观止，各种桥不但种类繁多，而且样式不一、风格各异。这些古桥体现了我们华夏民族建桥技艺的不断传承，也闪耀着中华民族人文的光辉。

对于中华民族而言，桥梁不是僵硬的建筑，还交织着人们寻找出路，探索世界的企盼。这种人文精神凝固在无数文人的笔墨书写中。

比如，我们耳熟能详的许多名句中提到的桥：

现代著名诗人卞之琳写道：你站在桥上看风景，看风景的人在楼上看你。

现代著名作家沈从文写道：在青山绿水之间，我想牵着你的手，走过这座桥，桥上是绿叶红花，桥下是流水人家，桥的那头是青丝，桥的这头是白发。

肖汝诚：

桥这种建筑，和其他建筑有一个本质区别——建桥一定是因为有联通和交流的需求，这是桥的意义。如果失去这个需求，桥也就失去了意义。

遗憾的是，因为清朝闭关锁国，和外界交流的欲望和动机减弱，中国的桥梁发展就停滞了。

毛伟琦：

近现代桥梁技术源于西方，中国近代错过了工业革命的机会，导致桥梁技术发展滞后，与国外有很大差距。

新中国成立以后，中国桥梁建设发展迎来了复兴的曙光。中国桥再也不是“枯藤老树昏鸦、小桥流水人家”了，在中国人民的努力下，终于“一桥飞架南北，天堑变通途”了。

张维为：

我自己谈到桥也是蛮有感触的。因为中国这个广袤的大地分三个阶梯，海拔4000米以上，海拔1000米以下，还有中间部分。这意味着它有各种各样的天堑，各种各样密集的河流河网，所以对桥的需求无疑是世界最大的，因此产生了非常灿烂的桥梁文化。我想到中华文明的这些特点，比方说它的创新性，这个赵州桥本身，是保留下来的最完整最好的石拱桥，它已经体现了这种创新性，它的设计在学术界叫敞肩式拱桥——一个大的孔，两边两个小孔，既减轻了桥的这个重量，同时让水在发洪水时可以流过去。它又有很高的绘画雕刻艺术，上面有浮雕的，刻着五谷丰登，刻着这个盘龙、节竹，象征的都是美好的意念。这个创意的传统、创新的传统，是一以贯之的，一直到现在，包括武汉长江大桥、南京长江大桥、港珠澳大桥都可以看到。

陈铭：

“一桥飞架南北，天堑变通途。”众所周知，毛主席的这两句诗，说的是武汉长江大桥。为什么新中国第一座长江大桥要选择（建）在武汉呢？

肖汝诚：

从历史水文上看，荆楚大地两江肆意，湖泽众多，中华儿女用了1000多年来治水、固化河道，最终把云梦大泽变成江汉平原。荆楚人民的水利史，就是一部多民族交融史和联通史，征服长江天堑是华夏子孙的夙愿。

从地理位置上看，从古至今，武汉及其周边地区都是重要的交通枢纽，连接南北沟通东西，是水路运输和陆路交通的汇聚点。近代，湖广总督张之洞修建京汉和粤汉铁路——京汉铁路从北京到汉口，粤汉铁路从广州到武昌，他多想修座桥把武昌汉口连起来，但是当时做不到。（一般是）货物由铁路运到汉口，用船舶运到武昌，再上火车南下。所以，历来联通武汉三镇是联通中国南北大动脉的核心，也是中国交通的重大需求。

毛伟琦：

这时候，压力就给到了武汉这边，所以这一座跨江大桥必须要（建）在武汉。张之洞多次提出要建设武汉长江大桥，但因为经费不足迟迟未能动工。新中国成立初期，在茅以升等人的大力建议下，（我们）邀请到苏联桥梁技术团队，助力（我们）建造。同时，我们也成立了以茅以升为组长的27人中国桥梁技术团队。在中苏两个团队的共同努力下，武汉长江大桥的设计逐渐成稿，中国桥梁人虚心学习，全国人民众志成城完成了武汉长江大桥的建设。

武汉长江大桥技术委员会部分成员在大桥上留影
(右四为桥梁专家茅以升，右三为大桥局总工程师汪菊潜)

陈铭：

我记得小时候经常会因为武汉长江大桥是中国第一座长江大桥而在同学面前炫耀，但是也经常会有外地的同学跳出来说，武汉长江大桥不是完全由我们自己修的！我这个气势顿时就矮了几分。

肖汝诚：

在当时的历史背景下，中国人自主研发、自主制造的能力比较薄弱。但是，以现在的眼光来看，这恰恰体现了我们中华文明的包容性和（强大的）学习能力。强大而持久的学习能力，是中华文明具有突出包容性的坚强后盾。

中华民族是学习能力最强的民族之一，几千年来，不断地向自然学习、向历史学习，也向国外学习，兼收并蓄，青出于蓝而胜于蓝，才取得了今天的成就和辉煌。

如果你有时光机，可以穿梭回去和当年的自己说，即便武汉长江大桥有苏联专家的指导，但是在建设过程中，我们学到了科学技术，（这）丝毫不妨碍它是武汉人民的骄傲，湖北人民的骄傲，中国人民的骄傲。

毛伟琦：

当年援助中国建桥的苏联专家西林，1993年又来到了中国，当他看到我参加建设的武汉长江二桥的时候，他说："原来我们是你们的老师，现在你们是我们的老师。"这句话让我们终生难忘。

陈铭：

所以，武汉长江二桥是有您的功劳在其中的。

毛伟琦：

的确。武汉长江二桥当时是一个亚洲第一、世界第二的一个全预应力混凝土斜拉桥。当时建设这座桥的时候，我们现在的秦顺全院士的无应力状态法，从这座桥开始应运而生。所以说，这座桥在整个中国的桥梁史上也有一定的地位，因为这也表明中国整个综合国力在增长，中国的桥梁技术在发展。因为我们有很好的基建环境，原来都说（20世纪）五六十年代看欧美，七八十年代看日本，进入21世纪是看中国桥梁。

陈铭：

您这么一说，我心中又升腾起了一股敬意。因为对于我们武汉普通市民来说，我们其实并不了解工程技术上诸多的革新和跨越式的发展，我们知道的是桥宽了，顺畅了，不堵车了，来回过江方便了，而且这一桥飞架南北，城市的新中心、副中心拔地而起、欣欣向荣，所以，真的要感谢我们背后的这些专家们。

毛伟琦：

今天的真理档案箱里有我从我们桥梁博物馆带来的一张人民币。不知道大家对这个两毛钱熟不熟悉。在我的儿时记忆中，这两毛钱可有大用处，可以买好多好多糖！不过对于桥梁人来说它是非常有意义的。这是1964年发行的第三套人民币中的两毛钱。当时，武汉长江大桥是作为新中国的“一五”计划中的重要工程被印在了人民币

上。这也是迄今为止印上人民币的唯一的一座长江大桥。

肖汝诚：

武汉长江大桥桥身上的细节，同样也体现了一种包容性。

武汉长江大桥桥身上栩栩如生的彩塑和精美绝伦的桥画，历经岁月沧桑，见证了多元文化的交汇融合和东西方文明的交流互鉴。大桥两侧的护栏是铸铁镂空雕花式，共有50种不同的造型，形象逼真，用最具民族特色的镂空剪纸手法进行塑造，分别代表了中国人民不同的美好愿望和期盼。

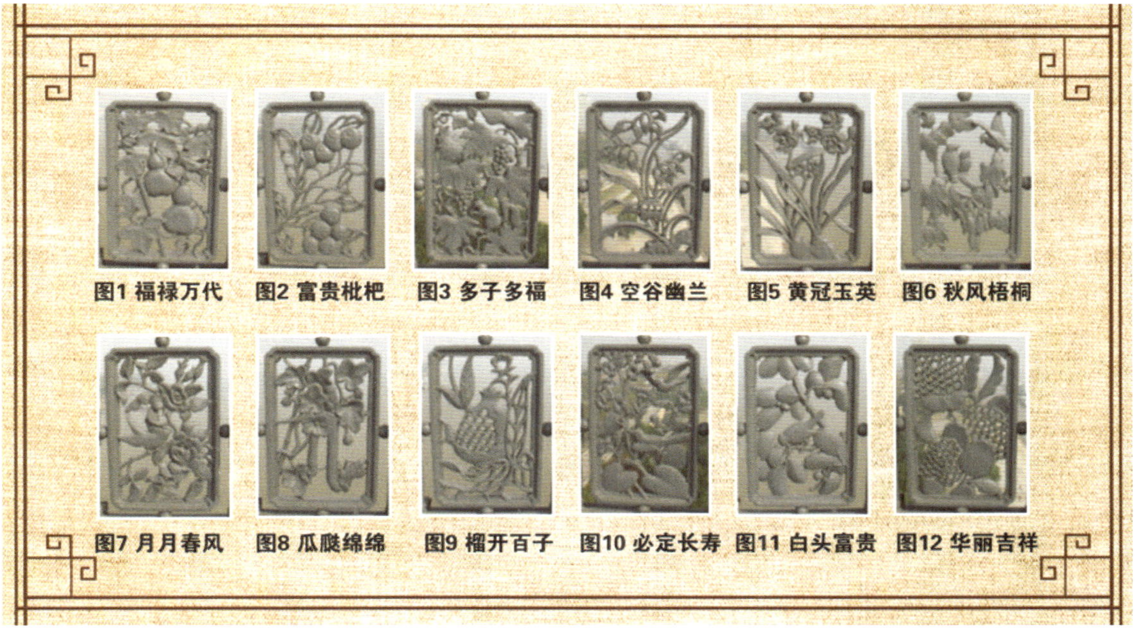

图1 福禄万代　图2 富贵枇杷　图3 多子多福　图4 空谷幽兰　图5 黄冠玉英　图6 秋风梧桐

图7 月月春风　图8 瓜瓞绵绵　图9 榴开百子　图10 必定长寿　图11 白头富贵　图12 华丽吉祥

毛伟琦：

我们还把这些桥画做成了文创产品，比如桥画的明信片、桥画的书签。

肖汝诚：

刚刚给大家介绍了桥画，现在我们来说说桥头堡。桥头堡建筑的设计借鉴了清代黄鹤楼“攒尖顶亭式”的建筑风格，弘扬了中华民族传统建筑的朴素之美。桥头堡的小格大窗设计，灵感来自西方教堂的铁艺花窗，整体构成一幅美丽和谐的中国工艺美术长卷，既体现了民族风格，也具有现代美感，给人以无限美感和遐想。

在当今全球化带来的多元文化并存的社会背景之下，中国的桥梁景观美学受西方现代和后现代建筑美学的影响，一边借鉴吸收一切人类优秀文明成果，一边深深植根于中华优秀传统文化，展现了不同于西方建筑模式的新图景，形成了一种全新的人类桥梁建筑文明新形态。

陈铭：

我从另外一个角度补充一点。两江边上，古琴台下，高山流水觅知音。伯牙子期，一个是晋国大夫，一个是楚国樵夫，这两个人代表不同国家和不同阶级，但是就是这样的两个人，在晋楚争霸的大背景下，没有受到阶层和文化的阻碍，成为无话不谈的知音。这也体现了文人骨子里的巨大包容性，这种从文人风骨中抽离出的中华文化的包容性，已经逐渐演化成为一个文化符号，成为中华传统文化开放包容的一种象征。

张维为：

我自己一直想，中国实际上是一个桥梁博物馆，整个国家就是这样。甚至很多地方，比方上海市、武汉市，本身也是桥梁博物馆。从我们整个国家来说，纵向来看，包括我们前面讲的赵州桥、卢沟桥、大渡河铁索桥、上海外白渡桥，新中国成立以后（修建的）武汉长江大桥、南京长江大桥，我每天都经过的上海南浦大桥，还有这个港珠澳大桥，各种（桥）星罗棋布，各种类型的，这种丰富性、包容性世界上见不到的，只有在中国才有这种现象。

陈铭：

中华文明自古就以开放包容闻名于世，在同其他文明的交流互鉴中焕发新生机。与不同文明的交流互鉴，也塑造了中华民族独有的品格。

当今，得益于中国现代化发展和中国人民的勤劳与智慧，中国的桥梁如同血管一般遍布于中国大地，现如今中国境内各类公路桥梁超过103万座。从小江小河的搭桥，到大江大海的建桥，中国建桥从江河走向海洋与山川，它们跨越高山大川，连通城镇村庄，让中国成为一座幅员辽阔的“桥梁博物馆”。

张维为：

比如，代表我们最前沿建造技术的港珠澳大桥，就被习近平总书记表扬过，他这样说的：“这是一座圆梦桥、同心桥、自信桥、复兴桥。大桥建成通

港珠澳大桥

车，进一步坚定了我们对中国特色社会主义的道路自信、理论自信、制度自信、文化自信，充分说明社会主义是干出来的，新时代也是干出来的！”走出伶仃洋，中国桥梁并没有停下前进的脚步。在如今的华夏大地上，一座座现代化桥梁拔地而起。越来越多的桥梁正见证着中华民族圆梦、同心、自信、复兴的心路历程。

陈铭：

中国古代桥梁技术领先全球，而到近代，桥梁的发展却停滞了。如今的我们已经实现了桥梁事业的复兴，我们来看一组数据：

中国现代桥梁总数已超过100万座，世界排名前十位的各类型桥梁中，中国独占半壁江山。例如，大跨度公铁两用桥，中国占7座；大跨度拱桥，中国占7座；大跨度梁桥，中国占5座；大跨度斜拉桥，中国占8座；大跨度悬索桥，中国占8座；长大跨海桥，中国占4座。

今天，中国桥梁无论是（在）跨越能力、建桥技术、材料、设备等各个方面，都已经达到了世界一流的水准。世界第一高桥、世界第一长桥、世界最长公铁两用斜拉桥、世界最长跨海大桥，“中国建桥军团”正不断刷新着世界桥梁建设的纪录。

陈铭：

毛总，您能给我们展开说说我们牛在哪吗？

毛伟琦：

近年来，中国桥梁建设不断刷新世界纪录，相继建成了最长跨海大桥港珠澳大桥。

世界最大跨度双层公路悬索桥武汉杨泗港长江大桥。

杨泗港长江大桥

世界荷载最大的公铁两用斜拉桥浩吉铁路荆州长江公铁大桥。

世界首座时速达350公里无砟轨道高速铁路钢桁梁桥京张高铁官厅水库特大桥。

世界首座公铁两用跨海大桥——平潭海峡公铁两用大桥。

当代中国桥梁正在向“大跨、轻型、高强、整体”跨越式发展，桥梁已经成为中国展示给世界的一张亮丽名片。

平潭海峡公铁两用大桥

陈铭：

毛总，听说您参与过许多国家的建桥项目，想必在您心中，这些桥都有它们各自的记忆点吧？

毛伟琦：

是的，从业三十几年，我的建桥经历多了，每一次的建桥经历都有它们自己的"音色"。长江水、黄河水、东海水，各种各样的水声在我的大脑里回荡。在这么多的水声中，我印象深刻的是恒河的水声。

恒河穿过了孟加拉国的首都，河面非常宽而且经常漫水。当地的居民过恒河，基本上都是乘坐轮渡，坐轮渡平常需要3个多小时，如果遇到涨水可能就要一到两天，不仅时间长而且非常危险。千百年来，孟加拉国人民非常希望能有一座桥连接两岸。中铁大桥局2014年经过激烈的国际竞标，获得了横跨恒河6千米河面大桥的设计建造权。历时8年，帕德玛大桥终于在恒河上展现出它靓丽的身姿，成为孟加拉国人民的梦想之桥。这个的的确确也是“一带一路”上的一颗闪亮的明珠。这一座桥为孟加拉国的GDP每年带来1.5个百分点的增长，使两岸受益人口超过了8000万。所以，当时这个国家的总理不下十回到我们施工现场亲自视察，另外，这个国家派了一个旅的部队，来保护我们的现场，所以说它是举全国之力。这座桥对孟加拉国的意义不亚于我们的武汉长江大桥。

孟加拉国帕德玛大桥

张维为：

孟加拉国这个国家我去过两次，印象非常深。中孟两国总体上政治外交关系都是相当不错的，作为“一带一路”的重要成员国，中国和孟加拉国在很多很多项目上有着长期深度的合作。帕德玛大桥不仅是我们帮助“第三世界”国家的一个窗口，而且是建设泛亚铁路的通道的非常重要的一环，也是响应“一带一路”倡议的一个重要的工程。2016年10月，习近平总书记访问孟加拉国，在联合公报中称赞这个项目。而且，我后来看到孟加拉国专门在他们的纸币上印上了这个桥，然后下边一句英文写着national pride（民族的骄傲）。

陈铭：

刚才您提到了孟加拉国雨季常常洪水泛滥，它的这种土壤环境、地质条件在建桥上是不是难关颇多呢？

毛伟琦：

的确，在这样一个跨度大、河水急的地方建设桥梁，困难必然是极大的。孟加拉国被称为建筑业的“地狱”，全境几乎都是河流冲刷淤积形成的平原，淤泥和粉砂极其松软，每隔几年还要被洪水重新冲刷，在恒河上建桥和在泥坑上盖房子没什么两样。

但是问题不大，大桥局的技术团队会出手。针对帕德玛大桥所处的特殊地质条件，我们的技术人员研发出了“打入摩擦桩”的技术，将长达 120 米的巨型钢桩化身“定海神针”打进河床面以下100米，用“渗透压浆”技术将桥梁基础和河床完成紧密抱团，让软塌的土质承载了结实的桥桩。这项技术在全球范围内属于首创，应该也是发扬了我们湖北人“敢为人先”的湖北精神。

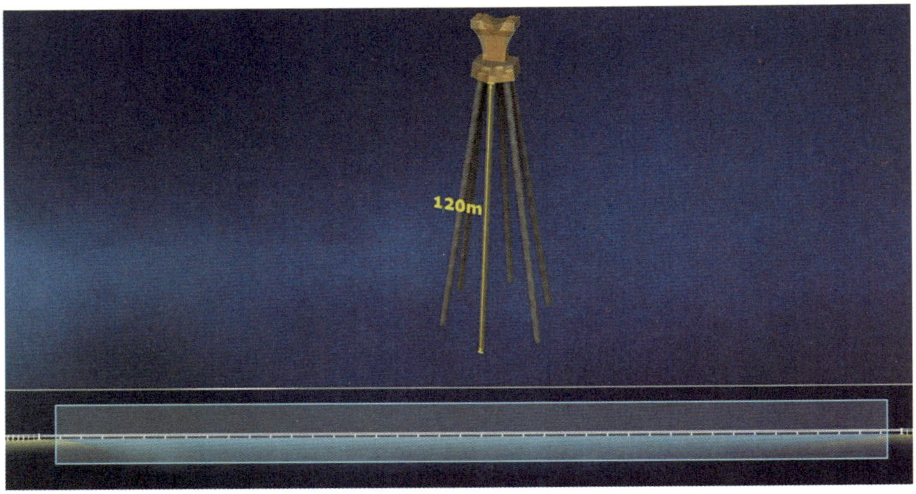

陈铭：

我还注意到帕德玛大桥的另外一个称号——这是我们中企在海外承建的体量最大的桥梁。要让这么多这么重的钢梁稳稳架设在水面上，我们架桥设备的“肌肉含量”应该不低吧。

毛伟琦：

帕德玛大桥是41孔，每孔是150米的钢梁（建成的）。为了把这些钢梁架上去，我们采用了自主研发的一个架桥利器，叫“天一号”运架一体起重船。这艘船在港珠澳大桥刚刚完工之后就运到了孟加拉国。我们的钢梁是整个工厂制造、整孔安装的，一孔梁3400吨，由我们的这艘运架一体船直接往上一架。我们这艘船有什么好处呢？它是一个中心起吊的运架一体船，比平常的一些起重船的吃水要浅。刚才已经讲到了，孟加拉国恒河的粉砂层冲了淤、淤了冲。在这座桥建设的过程中，即使这么浅的吃水的一个架桥利器同样还要清淤，我们为这座桥清（淤）进去几亿元人民币。这座桥的总体量将近100个亿人民币，它当时中标价是15.49亿美元，也是中国企业在国际上承

担的最大单体量的桥梁工程。所以说，这座桥的建成的的确确也印证了中国桥梁设计建造技术的强大，也向世界展现了中国无论是设计、建造，还是相关产业的全球的领先。

陈铭：

我有一个问题想问一下肖教授，我们这个桥梁的文化输出过程中，您觉得精神内核是什么呢？

肖汝诚：

如今，中国的建桥技术已步入世界一流行列，这是中国桥梁人具有突出创新性的体现。中国一直奉行着和平发展的思想，而这个理念其实是从古代一直流传至今的。早在春秋时期，这种和平发展的思想就已深植于以孔子为代表的儒家（人物的）思想中。中国从不吝啬将这些智慧和技术与“第三世界”的人民共享。比起技术封锁或进行资本收割，我们更愿意以务实的态度进行对外合作，建造基础设施，为“第三世界”国家人民留下真正优质的资产。

这种祈求和平的理念延续至今，始终未变，深刻地烙印在构建人类命运共同体等外交实践中。

陈铭：

那对于我们大桥局来说，在国内建桥与国外建桥有哪些不同的体验吗？

毛伟琦：

讲到这儿，我真的不得不感叹，我们在孟加拉国不仅是简简单单地修一座桥，还为孟加拉（国）提供了技术援助。大桥建设期间，我们为当地创造了5万余个就业机会。一大批孟籍员工的职业技能得到了提升，从最初的小白，成长为产业工人，有的已经成长为桥梁工程师。现在，我们帕德玛大桥已经完工了，很多孟籍员工又跟着我们奔赴下一个战场。

实际上，国际友人们看到大桥非常喜爱。在摩洛哥，摩洛哥国王穆罕默德六世在通车典礼上用自己的名字为大桥命名。在坦桑尼亚，尼雷尔大桥通车仪式上，总统马古富力邀请了中国驻坦桑尼亚大使吕友清以及其他国家的驻坦使节与上万名坦桑尼亚百姓共同见证了这一历史时刻，还很自豪地说，这是坦桑人民的骄傲，坦桑人民实现了百年梦想。一座座梦想之桥的架起，也是一条条友谊之路的贯通。

云上学习团

问题1：

中国被誉为“基建狂魔”，为世界各国造桥、修路，其中有很大一部分是发展中国家。我想请问毛总，这些项目到底挣钱吗？如果不挣钱或者不怎么挣钱，我们图个啥？

毛伟琦：

这要从两个类别说。

我们要分两方面来看，中国从（20世纪）80年代先是对周边的友好国家进行一些援助，这个援助桥梁基本上都是无偿的——从国内运材料过去，我们的人过去给他修建，造福当地的人民，这是从周边开始。到我们整个融入市场之后，中国桥梁（技术）整个得到了飞速的发展，从原来的跟跑、并跑，到21世纪之后就变成领跑，这时候我们就有一些桥梁技术的输出。在国际上我们的话语权更重了，在激烈的国际竞标过程中我们就会考虑有所为有所不为，所以说我们往往经过激烈国际竞标得来的，基本上通过中国的技术是能够赚钱的。而且是一方面能够展现我们建桥技术，另外一个也是将我们中国的桥梁标准推向世界，更是响应了“一带一路”倡议和构建人类命运共同体共创共享（精神），将我们的建桥技术推向世界，造福人类。

问题2：

我看到有个新闻说美国斥资500亿请求我们修复旧金山奥兰克海湾大桥，美国的各项指标都已经世界领先了，为什么还找我们？

张维为：

这个项目是2010年左右，主要由上海振华集团帮他们做的，而且获得广泛的好评，虽然当时美国国内有些争议。你问题里边提到美国方方面面都很先进，这个概念我从来不用的。我自己从来不用“发达国家”这个词，我去过西方国家，我觉得“发达国家”这个概念给他们创造了太多的名不副实的、虚假的软实力。所以我要实事求是，你比方说在基建或者建桥（方面），美国和中国的差距，过去50年前甚至40年前他们曾经很强过。现在这个差距大概是乒乓球水平的差距，我们是远远领先，不是一般的领先，现在最流行（的词）叫遥遥领先。

陈铭：

这里还要问一问毛总，建桥我们都知道，它需要的是集体的力量，那我们中铁大桥局有没有一些志同道合的好伙伴呢?

毛伟琦:

湖北的桥梁代表了中国的桥梁,中国桥梁又领先于世界桥梁。湖北有非常丰富的建桥设计单位、施工单位,另外还有整个产业链、供应链上的一些单位。除了我们中铁大桥局之外,还有中铁大桥勘测设计院、中铁第四勘察设计院、中交第二公路勘察设计研究院,还有中铁十一局集团有限公司、中交第二航务工程局有限公司,还有中国建筑第三工程局有限公司、中国宝武钢铁集团有限公司(做钢材的),还有武昌船舶重工有限责任公司(做加工制造的)。可以说,我们整个产业链,武汉是非常完备的,从设计建造和材料研发,还有装备研发,全部是在武汉都能找到合作伙伴的。都说世界(国外)可能有很多卡中国脖子的“卡脖子技术”,但是在桥梁方面,不管是从理论和计算手段,包括我们的建造水平、工艺工法的变革,新材料的研发,建桥装备的研制,等等,都是有完全自主知识产权的,国外卡不住我们。未来我们还将继续打造中国名片,更好地推动整个湖北乃至中国桥梁抱团出海。

张维为个人演讲

歌曲《我的祖国》这样唱道:“一条大河波浪宽,风吹稻花香两岸,我家就在岸上住,听惯了艄公的号子,看惯了船上的白帆。”我们儿时的歌谣这样唱道:“摇啊摇,摇啊摇,船儿摇到外婆桥。”这些歌曲唱出的是我们的乡愁、我们的桥文化、我们的家国情怀、我们中华文明的传承。

中国是桥的国度,正如我们刚才所讨论的,隋代建造的赵州桥,是迄今为止全世界保存年代最久远、跨度最大的石拱桥，跨越千年而不毁，集交通、科技、美学为一体。我们还讨论了“一桥飞架南北，天堑变通途”的武汉长江大桥，以及全球最长、科技和工艺含量最高的港珠澳大桥。从赵州桥到港珠澳大桥，从古代到现代，从中国人独创的敞肩拱桥技术到现在建桥普遍采用的三维立体建模等高新科技，都是集交通、科技、美学于一身，几近完美地体现了中华民族的逢山开路、遇水造桥的奋斗精神，体现了中华文明的连续性、创新性和包容性。

中华文明之所以能够存续久远，一个主要原因是其守正创新的特点，中华文明的“连续性”与“创新性”“包容性”是融为一体的。创新性，使中华文明能够与时俱进，包容性使中华文明能够海纳百川而不断地丰富自我，同时永不失去自我。随着现代科学技术飞速发展，中国的桥梁，早已跨越江河、平原、高山，在中华大地上，在世界范围内，也把奋斗不止的中国精神和灿烂辉煌的中华文明推介给世界。

中国是“桥的国度”，桥从来就有丰富的文化意涵，“桥”的基本意象是连接、通达，进而衍生到“明月”和“夜色”，如“卢沟晓月”“二十四桥明月夜”等，表达了中国人钟爱和谐、宁静、圆满的期盼，这一切与中华文明的和平性、统一性就自然而然地联系起来。

环顾世界，中国桥文化带来的文化意涵和文明意义令人回味无穷，它几乎可以完美地展示了习近平总书记所概括的中华文明主要特征：连续性、创新性、统一性、包容性、和平性。在中国文化中，只要把一个人一件事比作桥，或从桥出发进行叙事，几乎总是带着美好的寓意。2023年正好是我们提出“一带一路”十周年，这就是一座中国人民与世界人民共同搭建的民心沟通之桥、合作共赢之桥。中国已经和150多个国家一起走在这座桥上，努力寻求共同和平、发展与繁荣，中华文明中的桥文化必将伴随着“一带一路”的深化，大步走向亚非拉、走向整个外部世界！

扫一扫观看更多精彩

第5篇

综合治理

——中国式现代化的湖北实践

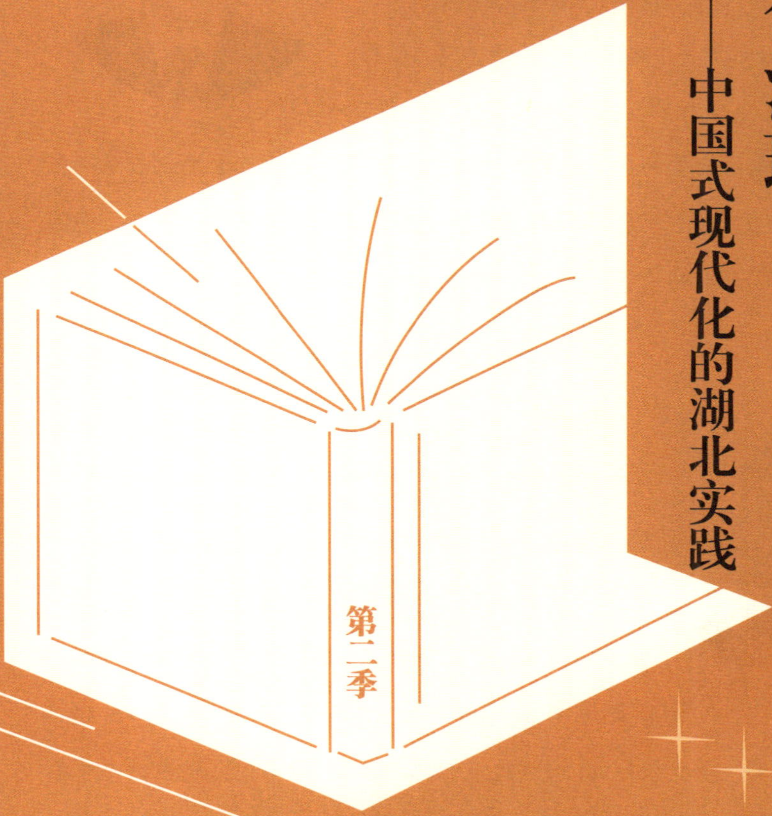

嘉宾介绍

陈勇，工商管理学硕士，现任丹江口市委常委、副市长。先后在乡镇政府、县直机关和市政府工作，经历了移民外迁内安、脱贫攻坚、退捕禁捕、乡村振兴、长江大保护等不同时期重点工作，长期致力于基层农业农村和生态环境保护工作的探究和落实。近年来，他所分管的乡村振兴和河湖保护等工作连续位于湖北省第一方阵，成功争创国家首批乡村振兴示范县，先后揽获全国水土保持示范县、全国“两山”实践创新基地等荣誉。

杨河，中共党员，宜昌江豚摄影师。连续五年在宜昌江段跟拍江豚。从最初只能捕捉到一些残影，到现在可以给江豚拍下完整的“登记照”，杨河不仅在摄影技术上不断精进，甚至对江豚的习性都已经了如指掌。这些年来，他拍下10多万张珍稀的江豚照片，更是登上“中国共产党的故事”对外宣介会，面对近30个国家的170多个政党领导人，讲述他与江豚的故事，故事内容也被国内外各大媒体报道，吸引更多的人关注长江江豚。

引子

湖北扼守长江中游，坐拥长江干线最长径流里程，素来有着“长江之腰”的称号。面对保护长江的历史使命和时代责任，湖北拿出了壮士断腕般的决心，以坚定不移的行动，答好新时代的考卷。

本集内容

陈铭：

这是一只名叫淇淇的白暨豚（即白鳍豚）呼唤同伴的叫声。大家还记得这种被誉为“长江女神”的美丽生灵吗？2002年，淇淇自然死亡；2006年，白暨豚被宣布功能性灭绝。长江白暨豚被称为“长江女神”，长江江豚被称为“微笑天使”，同样都生活在长江流域。作为长江生态的指示物种，近40年，长江江豚数量一度急剧下降。2017年科考数据显示，长江江豚仅存约1012头，这比大熊猫数量的一半还要少，只差一点儿，江豚就步了白暨豚后尘。

好在，它赶上了好时代！这样的悲剧没有再次在江豚身上发生。2016年1月5日，习近平总书记在推动长江经济带发展座谈会上指出：“长江拥有独特的生态系统，是我国重要的生态宝库。当前和今后相当长一个时期，要把修复长江生态环境摆在压倒性位置，共抓大保护，不搞大开发。”2016年起，长江沿线10多个省市协同治理污染、修复生态，“长江大保护”带来了看得见的改变。这一次，江豚回应了我们的呼唤。

杨河：

豚豚，豚豚，你露一下头吧。

大家好，我是杨河，是一名江豚摄影师。大家刚刚看到的这些照片，都是我拍的。2023年5月30日，我在湖北武汉参加“中国共产党的故事”对外宣介会。

站在世界级的舞台，面对近30个国家的170多个政党领导人，我讲述了我与江豚的故事。现场的听众都被我的故事感染了，有人还悄悄地流下了眼泪。我的故事和照片被国内外各大媒体报道，吸引更多的人关注长江江豚。我由一个摄影爱好者，转变成一个江豚守望者，见证了这几年长江越变越好。

陈铭：

感谢杨老师。2022年9月19日，全国第四次长江全流域江豚科学考察启动。在长江干流考察过程中，科考队在宜昌葛洲坝附近江面上，发现了此次考察的首批江豚群。而且在长江流域多个地方，肉眼都能观测到江豚。生态文明建设的变化，体现为可知可感的环境提升，背后是人们保护生态环境的自觉行动。我们是如何以高品质的生态环境，支撑高质量发展，加快推进人与自然和谐共生的现代化呢？这就是我们今天要共同探讨的话题。

陈铭：

一说到长江江豚，武汉市民都非常喜欢，如果有幸能够在江面上看到它们一跃而起的身影，都觉得是某种吉祥的象征。当然武汉市民好像更喜欢用一种更接地气的方式来称呼它们——江猪子，它的外形是不是（与猪）比较相似？杨河老师拍摄江豚有6年的时间了。我注意到您的肤色，在太阳下显得非常黝黑。听说现在杨老师每天都要到江边去拍江豚，是吗？

杨河：

是的，我现在每天都要去看一看，去观察它们、记录它们，也去拍它们。因为原来长江上的江豚很难见到。一是数量比较少；二是我们人类的活动比较多，比如说江边有很多渔网、渔船。那个时候要看到江豚，是很困难的一件事，也是很稀奇的一件事。现在不一样了，随着长江大保护的推进，现在我们在自己的家门口也可以天天见到江豚。

岳奎：

没错，这个江豚数量的变化，结果确实是可喜的。因为调研的关系，我也经常去宜昌。最近长江江豚种群的数量达到了1249头，可以说是终于止跌回升了。这也是一个让人感到非常欣慰的结果。我相信随着我们长江流域的生态环境越来越好，我们的江豚的数量还会再增加。

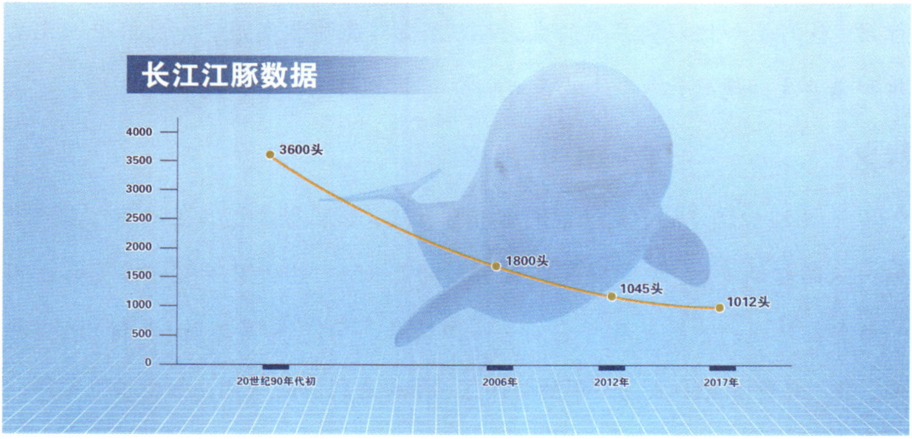

杨河：

是的，最直观的表现是什么呢？那就是母子豚，这是第一个，长江的母子豚多了，就证明我们长江里面的江豚，数量在逐步地增加。第二个，我2022年拍到两个小江豚，那这两个小江豚怎么来区别它呢？利用它身上特殊的印记来分辨它们。比如说我2022年4月份拍的小江豚，它身上就有两个小胎记。

7月份拍到的时候，那个小江豚身上也有一块小胎记。这两个胎记的位置是不一样的，那就证明这两个小江豚，它也是不一样的（不是同一头）。

陈铭：

我们之前听到过一个说法，也跟您求证一下，说这个江豚好像是，一头成年的母豚它是一个家长，然后它身边经常会有几个孩子，来组成一个相对较为稳定的江豚家族。

杨河：

是的，比如说在我们宜昌段就有两个江豚家族群。我们就根据活动区域的位置，来划定它不同的家庭。比如说在我们胭脂坝，在那个地方我们就把它定义为一号家庭，它的家庭就有4到6只，它是一个游牧型的家族。

再一个家族就是在我们葛洲坝以下到纱帽山这一带，这一群江豚相对来说很固定，就是我们平常去观察它的时候，也可以看到它有9到11只。这个家族在这个区域不走，只有到有鱼汛的时候才去，出去捕一段时间就又回来了。

我有幸今年拍到了一只蜕皮小江豚。小江豚蜕皮就证明它是刚出生的小江豚，才出生8天——根据8天以后（第二周）身上就开始蜕皮（的情况），就可以推算它出生的时间。

陈铭：

有不同的家族，有不同的习性，还有不同的喜好，还有新生命的诞生，太让人开心了。

岳奎：

江豚在宜昌江段的重新活跃，说明长江自然生态链的完整性正在修复，长江十年禁渔取得阶段性成效，生物多样性逐步恢复。习近平总书记在党的二十大报告中指出："推行草原森林河流湖泊湿地休养生息，实施好长江十年禁渔，健全耕地休耕轮作制度。"我们可以感觉到，近些年来，生态文明理念确实深入人心，老百姓深刻地认识到生态的重要性，大家都开始自觉地保护长江生态了。

陈铭：

没错，生态环境的提升和改善背后离不开很多像杨河老师这样的默默付出，除此以外，还有那些"洗脚上岸"的渔民们、（还有）"关改搬转"的企业等，这些共同形成了合力。所以也让我们所有生活在长江边上的人，感知到这种长江的十年禁渔政策，在整个大保护的过程当中，所带来的非常积极的生态改变。

张维为：

对，我想长江十年保护非常之重要，因为整个长江是一个完整而特殊的生态。上海是长江的下游出海口，和原来湖北这边江豚出现危机一样，上海出现了大闸蟹的危机，大闸蟹最大的产卵基地（在上海的崇明岛）出现了危机。产量由一年五六十吨降到了一年只有几吨，所以大家都认识到（环境是）需要保护的。现在整个崇明岛是个自然保护区，这是一个方面。另外就是，我觉得鱼类特别是江鱼，它一代的寿命是四年左右，所以我们给它十年的保护期，它就可以两代休养生息，这个是非常重要的。

如果从一个更宽的哲学角度（来看），就是短期利益和长期利益的平衡，十年休养生息之后，这个河水里边的生物，可以慢慢地休养生息，可以形成更大的长远的利益。短期做一些牺牲，但长远符合大家的利益，也符合渔民的利益。

陈铭：

没错，我觉得每一个生活在长江边的人，都有这样发自内心的荣耀感——感受到自己家乡真切的变化，但是这背后离不开无数个像杨老师一样默默付出的人。再一次感谢杨河老师在我们长江水生物保护过程当中的卓越贡献，谢谢您。也感谢杨老师今天给我们带来的精彩故事，谢谢杨河老师。

陈铭：

今天我们谈长江大保护，我们首先聚焦的就是宜昌江段的长江江豚回归。宜昌，因长江而生，因三峡而兴。进入新时代，宜昌始终坚持以习近平新时代中国特色社会主义思想为指导，实现全流域综合治理和统筹发展，推动城市和产业集中高质量发展，加快建设长江大保护典范城市。

岳奎：

其实在这个环保问题上，像刚刚提到的“洗脚上岸”的渔民的个人奉献是其中的一个方面，另外一方面就是我们的企业，我们企业做出了很大的牺牲。当然，它在牺牲的同时，也成就了进一步的发展。我们的企业既要发展经济，又要做到环保，这就面临如何破局的问题。

这里有两张照片可以对比，大家看一下，它们可以说是长江沿岸变化的一个缩影。这是5年前宜昌的江边，当时它是一个化工企业的堆煤厂，如今变成了一个美丽的公园，叫“424公园”。这里边也有一个故事。

五年前

五年后

短片画外音

我们（兴发集团）过去是一家长江边的化工企业。长江两岸都是化工围江。2018年4月24日，习近平总书记来到我们公司考察，再三叮嘱，要我们保护好母亲河长江。我们牢记总书记的嘱托，拆除了江边32套装置，对腾出的950米岸线全部进行了绿化，建立了“424公园”，我们还封堵了所有的长江排污口，不让一滴污水流入长江。如今，我们站在工厂边能看见江豚蹴浪花。能够为保护长江出一份力，亲眼见证长江越变越好，我们每一个人都感到无比自豪。

陈铭：

2017年到2021年，湖北全省累计完成沿江化工企业关改搬转439家，长江干线367座非法码头被取缔，长江岸线长出了143公里。一批批化工企业关改搬转，一个个生态隐患得以解除，长江经济带发展不能再走先污染后治理的老路。湖北省政府在新发展理念的指引下，转变经济发展方式，湖北企业也走出了一条绿色的高质量发展之路。大家看这张照片，这是宜昌化工企业的黑磷产品，这黑磷产品原来是按吨卖，现在我们的高科技黑磷产品论克卖，每克价格可以达到5000元，比黄金还要贵上许多。

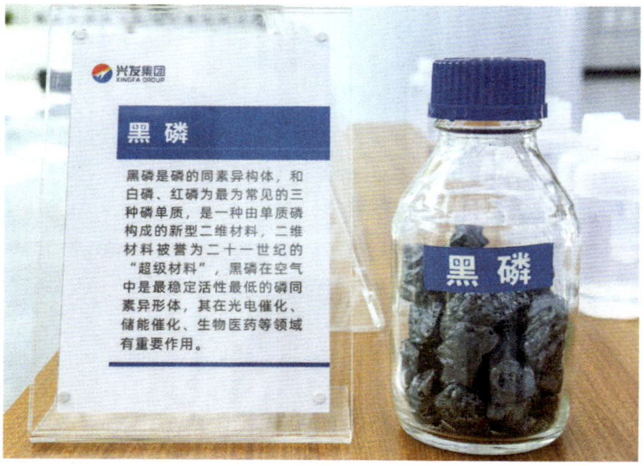

岳奎:

习近平总书记在党的二十大报告中指出:“加快发展方式绿色转型。推动经济社会发展绿色化、低碳化是实现高质量发展的关键环节。”这些企业“壮士断腕”之后，需要进行产业的转型升级，它们的转型是比较成功的。现在那些做得很好的化工企业，比如说兴发（集团），它现在开发出新的产品，比如说电子级、医药级、食品级的主导产品，像这个黑磷、电子级磷酸、硫酸，这些都打破了国外技术的封锁，填补了国内的空白，并且还畅销海内外，给我们挣来了外汇，也带动了当地的经济发展。

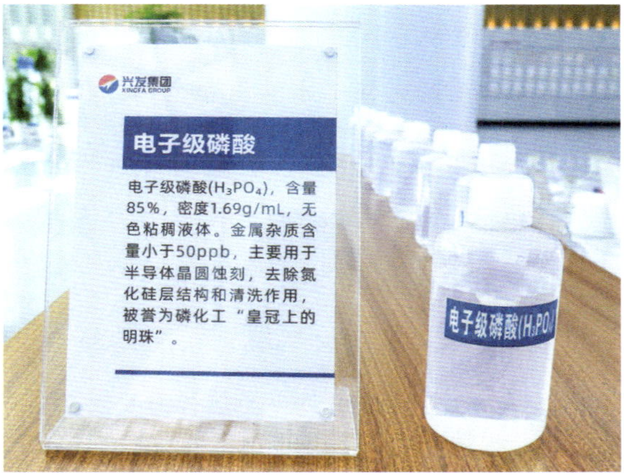

陈铭:

所以基本上可以这样说，长江变清了的同时，长江沿岸的企业发展反而更好了。

张维为:

是的，我想到这样一个政策的全国的推广，有很多成功的案例。中国模式的特点是它长于调结构、转型。我给你举个例子，就是离上海不远的无锡，2007年太湖出现蓝藻危机，自来水都开始有臭味了，（政府）调动各种各样的矿泉水支援无锡，然后痛定思痛就开始了整改。（整改）当中也是一样的，关闭了上千甚至更多的企业，那其中有一部分（企业）真的是政府帮助转型的。我就去调研。他们有一个小的化工厂关掉了，但这个化工厂相对技术力量比较强，政府就跟他们一起合作做科研——蓝藻变成有机肥料，转型成功了，现在是有机肥料厂——把蓝藻变成肥料，产业就发展起来了。这是成功的转型案例，像这样的案例非常之多。

陈铭：

所以，有的时候绿水青山和金山银山是一个同步建构的过程。我们老说长江是我们的母亲河，但我们有的时候会有种错觉——如果我们人类长大了，是不是离母亲的距离就远了。不然，长江是我们的母亲河的真正体现在于今天我们依然是在她的乳汁哺喂下生活。

我们经常说长江从雪山走来，一路接纳了非常多的大河，而在这些大河当中，最大的一条就是汉江。汉江作为长江的第一大支流，身上肩负着南水北调的神圣使命。位于湖北十堰市的丹江口市，就是南水北调中线工程的核心水源区。为了一库清水永续北送的同时还能够有所发展，丹江口市不断地探索“两山”转化路径，终于走出了一条既要经济效益，更要生态效益和社会效益的绿色发展之路。现在，我们就聚焦到湖北十堰的丹江口，看一看他们是如何走上绿色发展的道路的。

让我们掌声有请，丹江口市市委常委、副市长陈勇，有请。

陈铭：

欢迎陈（副）市长，您请坐。陈副市长您好，能不能先为我们简单介绍一下丹江口。

陈勇：

丹江口市因坝而建，缘水而兴，更是因水而扬名，丹江口市是国家南水北调中线工程的核心水源区，同时也是丹江口大坝坝址的所在地。2015年我们被授予中国首批“中国好水”水源地称号。今天，我也带来了一份珍贵的礼物，就存放在我们的真理档案箱里面。

陈铭：

您已经都放好了，那我们一睹为快。那接下来我给一个三个数的倒计时。我们来看看是一个怎样的神秘宝贝。3——2——1，一汪清水，您给我们介绍一下。

陈勇：

这就是我从我们丹江口库区水库中带来的源水。

陈铭：

百闻不如一见，听闻很久了，让我们教授们也看一看。

张维为：

哇，非常非常纯净。

陈勇：

中国南水北调中线工程的水源地，有很多我们生活中耳熟能详的水企业都是在这取水。

岳奎：

这个水我喝过。

陈铭：

您喝过，您去过这个水库？

岳奎：

对，我经常去丹江口水库。

陈铭：

就是被这一汪水吸引，这口感迷人。

陈勇：

我们这个水库的水是可以直接饮用的，目前水质标准可以说在同类水库里面是标准最高（的）。

陈铭：

清澈见底，毫无杂质。听说现在丹江口市为了在经济上能够有所发展，正在探索“两山”转化路径，是吗？

陈勇：

是的，作为丹江口市来讲，我们既要保护为先，也要绿色发展。但保护是为了更好更高质量（地）发展。比如说，我们大柏河流域的习家店镇杏花村，过去是个条件非常差的村庄，目前以“两山”转化中心为载体，把目前我们杏花村闲置的农房、土地，包括山林林场等，全部作价，流转收储，同时通过招商引资把各地包括北京、上海的企业引进过来。现在我们杏花村，在这些地方发展了很多的民宿，包括高端民宿与帐篷酒店。

陈铭：

所以生态（优美）本身意味着民生，意味着更好的自然环境，本身就是吸引人的利器，在此基础上的旅游，自然成为一面新的旗帜。

陈勇：

这给杏花村带来两个大变化，一是集体收入的变化，它的资源流转，加上我们入股投入民宿，每年都有稳定的集体经济收入。（这种投资）关键对当地群众的就业起到很大的拉动作用，包括我们的民宿，它需要大量的民宿管家，我们当地农村的女同志可以就近就地就业，不仅工资收入可观，关键还可以在家门口照顾老人和小孩。

岳奎：

其实，丹江口在发展过程中，水的问题表象是在江河湖泊，根子其实在流域。小流域连接着一方水土，照应着一方百姓。它与身处其中的每一个百姓都是息息相关的。近年来，湖北省委部署开展全流域综合治理，目的就是以流域为单元，探索转变生产生活方式，实现绿色、低碳发展的路径和模式。习近平总书记在党的二十大报告里指出："必须牢固树立和践行绿水青山就是金山银山的理念，站在人与自然和谐共生的高度谋划发展。"

张维为：

我听了是很有感触的。因为我在西方国家生活的时间比较长，西方国家一讲到生态，特别是生态移民，他们觉得这是不可思议的。他们的做法其实是回避矛盾。

他们把这些污染企业全部转到"第三世界"国家去。这就造成一些问题——产业空心化。大批制造业的企业不是进行大量的改造升级，而是直接转到"第三世界"国家，在那边造成了污染。现在欧洲有很大的问题，叫作环境移民。非洲的很多"第三世界"国家环境非常恶劣，出现荒漠化，粮食都没有了。然后非法移民就涌入欧洲。后来我就跟他们说了，我说我们中国推动着"一带一路"，很大程度上是帮助非洲发展。非洲是世界上人口增长最快的洲。我说非洲离欧洲这么近，你们应该和中国一起做"一带一路"，帮非洲发展起来，人家就不移民了。

但这个他们又做不了，因为他们的政治制度劣势，很难解决这些问题。

陈铭：

没错，而且这一汪清水的影响，可不仅仅只有长江流域，或者说只限在湖北。南水北调的中线工程对中国的北方，对华北平原、对白洋淀等的这种湿地呈现的景色都提供了莫大的帮助。

某种意义上，在全国一盘棋联动发展的影响下，这可能也是全流域治理思路的一次更延展的利好。

所以，确实如此，西方有些国家认为这个高品质的生态和高速度的发展是有些矛盾的。但是我们用行动告诉大家，高品质的生态跟高质量的发展，恰恰是一致的。只有用高品质生态环境来支撑高质量的发展，才能真正地让人民群众的幸福生活落到实处。

丹江口（市）就是利用闲置资源，把绿水青山变成了金山银山。当然，我们知道丹江口市最好的资源还是我们面前的水资源。所以要问一下陈勇副市长，有没有用水资源来发展的新兴产业呢？

陈勇：

这个在我们丹江口（市）目前应该已经成了一个支柱产业，比如说，我们目前正在建设的武当云谷大数据中心。大家都知道，大数据中心因为高负荷的运算，它是要产生高温的。

但是目前我们国内，绝大部分的大数据中心，是靠电来降温。这个企业成本还是比较高的。武当云谷大数据中心之所以建设在我们丹江口市，就是看中我们这个优良的水质、一流的位置。

它利用我们丹江口水库水下40米的深层冷水降温，而整个冷水（降温）过程没有任何的污染，也不怎么耗电，企业成本大大降低。

陈铭：

这个我有些不太明白，在我的理解当中如果想要用这个水来降温，是不是

说水的温度越低越有优势？咱们丹江口水质纯澈，在降温过程当中也是一个优势的因素吗？

陈勇：

正是因为水质好，所以它水质比较清澈、没有杂质，对设备，也起到很好的保护作用。整个企业本身对我们当地每年有将近3个亿的税收贡献，非常可观。

陈铭：

听明白了，您提到了好水质，我想，确实有道理。它不磨损管道，也不会导致很多的水垢的沉积，所以，它整个设备的折旧老化都会延缓很多。这其实私下里都是经济效益。

岳奎：

习近平总书记在党的二十大报告里指出："我们要推进美丽中国建设，坚持山水林田湖草沙一体化保护和系统治理，统筹产业结构调整、污染治理、生态保护、应对气候变化，协同推进降碳、减污、扩绿、增长，推进生态优先、节约集约、绿色低碳发展。"

丹江口（市）的这个流域治理工作就是一个很好的范例，其实像这样的情况在我们湖北现在已经很普遍了。比如说在武汉，工业锈带变成了时尚秀带；在鄂州，挖煤的桩基变成了网红的花海。这些因地制宜治理的妙招，确实切中了要害，让湖北的这个绿色发展越来越好，也促进了人与自然和谐共生，这个系统工程也有了具体的抓手。

张维为：

我觉得这个非常好的湖北案例落实了习近平总书记的"两山"理论，而且是卓有成效。"绿水青山就是金山银山"背后反映的是伟大的中国智慧。

陈铭：

没错，所以，某种意义上来讲，我们是在用行动来告诉全世界，环境跟经济如何精巧地统一到一起，这是一种发展的智慧。而丹江口市的实践就证明了，这是确确实实能够落实到位的。

张维为个人演讲

现代化对环境的破坏，从18世纪欧洲工业革命就开始了。今天多数西方国家自己也承认，（他们）当年的工业化过程造成的二氧化碳排放对全球气候变暖负有主要责任。所以，国际气候变化谈判中确定了一条原则，叫作共同但有区别的责任，即所有国家都有责任，但西方国家要承担更多的责任。然而西方国家作为一个整体，并没有真正落实（他们的）责任。就中国而言，过去数十年的迅速发展，在迅速提高人民生活水平的同时也付出了环境污染的沉重代价。我自己也一直关心这个问题，因为它关系到我们中华民族的未来，乃至世界的未来。

我自己也非常荣幸地参加了1995年4月在德国首都柏林召开的《联合国气候变化框架公约》首次大会，后来又多次参加过联合国气候变化有关的会议。某种意义上，我也是联合国气候变化以及这个谈判进程的见证人之一。

当时国内已经有一些学者提出我们要算两笔账：一个是算一下按照传统工业文明的道路走下去，我们还要付出多少经济、社会、政治、健康的代价；二是走循环经济绿色生产和消费的生态工业文明道路，这个转型成本有多少、风险有多少、好处有多少。这个账一旦算清楚了，我们就可以义无反顾地推动生态文明。

进入新时代，在习近平生态文明思想指引下，我们整个国家都行动起来了。我们的生态面貌开始发生巨变。从秦岭山脉到祁连山脉，从长江流域“共抓大保护，不搞大开发”到黄河流域“生态保护和高质量发展”都成为重大的国家战略。为了让生态优先、绿色发展理念生根开花，生态安全立法和执法都成为重中之重的工作。2013年我们通过了“大气十条”，中国成为全球第一个大规模开展PM2.5治理的发展中国家；2015年我们通过了“水十条”；2016年我们通过了“土十条”。一个14亿多人口的发展中大国以壮士断腕的勇气向污染发起总攻。与此同时，40多项涉及生态文明建设的改革方案相继出台，尤其是建立了中央生态环境保护的督察机制。放眼全国，随着生态文明建设深入推进，生态环境的短板正在一块一块地补上。我们看到“三北”防护林保护、退耕还林还草等一系列重大生态工程深入推进，山、水、林、田、湖、草、沙的综合治理全面展开。2013年至今，我们全国共完成造林7.8亿亩，我们整个国家的绿色版图迅速扩大。这远远领先全球。以国家公园为主体的自然保护地体系已经建立，“河长制”“湖长制”已经全面落实，一条条江河、一个个湖泊都有了专属守护者。深受雾霾之害的许多城市、许多地区，一个个告别了雾霾，不经意间，我们整个国家每天都在发生看得见摸得着的变化，并时不时有令人感叹的惊讶和惊喜！可以说我们走遍祖国大地，蓝天、白云、水清、生态美的景象今天是无处不在。我们所有人都是国家生态文明建设的参与者、建设者，也是受益者。

我不禁想起了毛泽东主席的诗句：“春风杨柳万千条，六亿神州尽舜尧”“万里长江横渡，极目楚天舒”“踏遍青山人未老，风景这边独好”！

扫一扫观看更多精彩

第6篇

变养老为享老

——中国式现代化的湖北温度

嘉宾介绍

冷淞，中国社会科学院世界传媒研究中心秘书长、研究员、教授，影视艺术策划、创新研发、文旅融合、对外传播研究学者，中国社会科学院“青年拔尖人才”，中国传媒大学影视艺术学博士，英国布鲁内尔大学传播学硕士。国家广播电视总局、央视及多省市电视台智库专家，中国电视艺术家协会理事，杭州第19届亚运会开闭幕式总撰稿，多档央视及卫视大型季播节目策划人，传播策划人，国内多项知名影视奖项评委。

邹倩，湖北省黄冈市英山县孔家坊乡农村福利院院长，先后获得了“全国先进工作者”“全国五一巾帼标兵”“全国三八红旗手”“中国好人”“中华孝亲敬老之星”“湖北省优秀共产党员”“湖北省先进工作者”等市级以上荣誉30多项，是湖北省十一次、十二次党代会代表，党的二十大代表。

何泽仪，中南财经政法大学智慧养老研究院执行院长，“文澜”讲座教授，国家智能社会治理实验基地（养老）技术总负责人。曾任英国电信高级商业顾问、大数据中心负责人，维基百科英国分公司创始董事，英国萨福克学校董事，英国萨福柯创新科技孵化园理事会成员及创业导师。何泽仪具有将大数据、人工智能、云技术在世界领先电信和互联网企业中的应用能力和丰富经验，曾领导多个世界级的创新技术应用项目，在多家上市公司担任顾问，并在中国投资多个高科技企业。

引子

近年来，湖北不断健全养老服务政策，完善养老服务设施，提升福利制度覆盖面，老年人的获得感和幸福感不断增强。为展现新时代湖北坚持以人民为中心、推动养老服务工作高质量发展的生动实践，本期节目经过层层筛选，确定了“科技赋能养老生活”“老人入了爱河，共建幸福中国”等为主要案例，讲述湖北多措并举发展养老事业和养老产业，让更多的老年人安度健康晚年、乐享幸福生活的生动故事。

本集内容

陈铭：

我国是世界上人口老龄化程度比较高的国家之一，老年人口数量最多，老龄化速度最快，应对人口老龄化任务最重。这意味着我国在推进现代化建设的过程中，需要面对规模巨大的老龄人口和日益严重的人口老龄化问题。因此，要实现人口规模巨大的现代化，必须积极应对人口老龄化。

党的二十大报告指出：“实施积极应对人口老龄化国家战略，发展养老事业和养老产业，优化孤寡老人服务，推动实现全体老年人享有基本养老服务。”

下面让我们一起来看一条湖北英山县孔家坊乡农村福利院的短片，感受一下当代老人的享老生活。

短片画外音

我是刘奶奶，出生于1943年，今年80岁了。他是段爷爷，出生于1949年，今年74岁。他是我的老伴，我们还是姐弟恋哩。没想到丘比特会在我耄耋之年再射我一箭，这可能就是大家说的最美不过夕阳红。奶奶我呀，眼睛不好，刚来到养老院的我做什么都不方便，是老段热情地帮助我，陪我聊天，在老段追了我一年以后，我答应给他一个名分，他因此备受鼓舞，对我越来越好了。

我爱喝可乐，老段每餐都会给我准备好可乐，如果是瓶装的，就帮我打开插好吸管，就能直接喝，因此我还在院里获得一个称号叫“可乐奶奶”，我还喜欢吃棒棒糖，原来自己在家很少吃，不想花钱。老段知道后每次给我买一根，自己也会买一根，院里的老人经常看到我们坐在一起吃棒棒糖，原来相爱的两个人会越来越像，这是我第一次秀恩爱，

不太熟练。当然，我们也有“翻车”的时候，我们每次吵架的原因都是因为老段吃醋，我在院子里跟别的老头聊嗨了，老段就闷闷不乐地生气了，有时候他还会不理我。没办法，我只有去找邹院长帮我们调解，不一会我们就又和好了。我学着年轻人的方式记录下我们的情感，我想对老段说：“举目见你，处处是你。”

陈铭：

从这两位老人的身上，我们就能感受到这个福利院可不一般。所以，接下来我们要请出孔家坊乡农村福利院院长邹倩，来跟我们讲一讲这个特别福利院的特别之处。

陈铭：

邹院长先给我们介绍一下自己。

邹倩：

大家好，我叫邹倩，我在我们农村福利院工作29年了。

陈铭：

刚刚的两位老人邹院长是不是非常熟悉。

邹倩：

是的，就像我们的家人一样。

冷凇：

我看到邹院长的第一面，感觉是（您）脸上有笑心中有光，所以您照料的这些老年人也是一种年轻心态。而人在最松弛的状态中是容易产生激情和情感的，所以您那（福利院）也成就了很多对的爱情。

邹倩：

用他们的话说，他们最朴素的愿望就是想多活几年！我儿子5岁的时候，因为我老是跟老人住在一起很少回家，我儿子到福利院去看我，他突然抱着我一脸羡慕地跟我说："妈妈，我以后长大了，我就想做你福利院的一名'五保'！"当时，真的，我眼泪一下子就出来了，因为童言无忌嘛，他说这个话，说明从他的眼光来说他觉得福利院真的是太好了，他说长大了（想做一名"五保"）这是他的梦想！

陈铭：

很质朴，但也很真切，所以，我很好奇什么样的生活让爷爷奶奶会有这样的感慨——没有别的愿望了，就是想在这样幸福环境当中再好好地多生活几年。

邹倩：

其实，我们福利院的硬件在我们英山县农村福利院里面还不是最好的，我们2023年跟我们孔家坊乡卫生院搞医养结合，我们福利院就成为孔家坊乡卫生院的分院。我们所有的老人不出福利院的门就可以看病、拿药，还可以刷医保卡，特别方便。我们现有床位72个，入住的老人72名，全部都住满了。我们的“五保户”是33名，社会代养39名，我们的床位是腾出来一个就入住一个，用我们英山话说是俏得很！

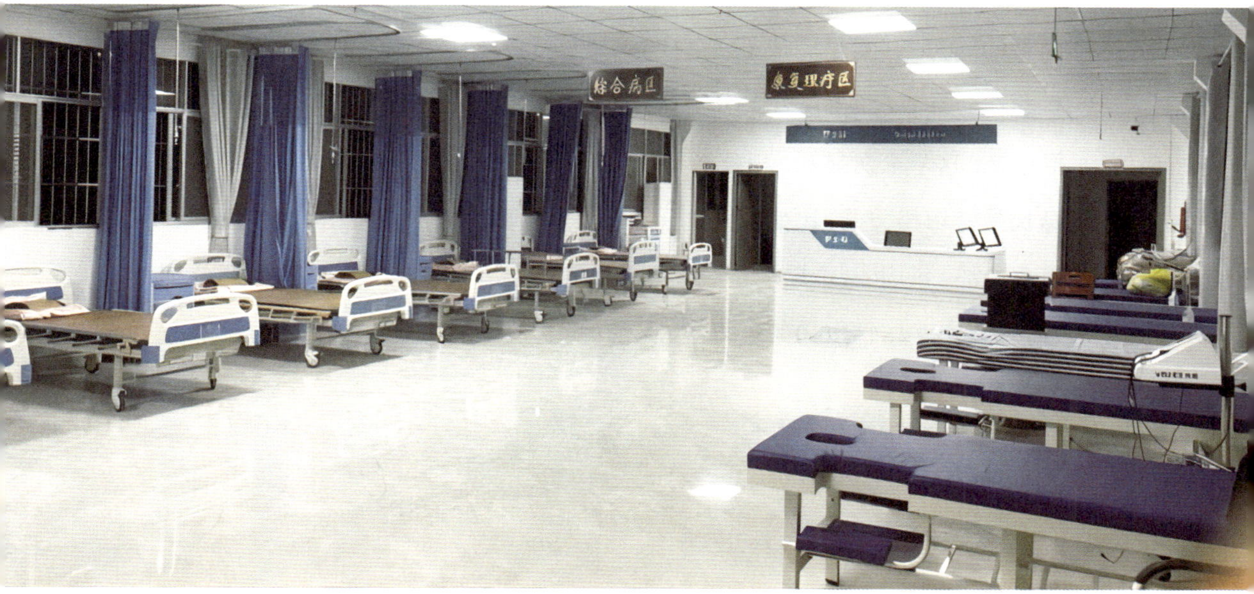

冷凇：

供不应求。

陈铭：

俏得很，您能听明白吗？

冷凇：

紧俏嘛，市场供需关系紧俏。

陈铭：

对，就是排队都排不过来。刚刚这个医养结合也是切中老年人的需求。身边有人、身边有药、身边有医、身边有养，这样太好了。

冷凇：

包括最近老师们会看到，天津有跳水的大爷、北京有天坛大爷，他们在健身的同时，其实是完成了一个社交。有一个统计是，“社牛”的老人，他的生存寿命是非常长的。2023年3月6日四川大学的华西医院的团队就发表了一篇论文，这个论文显示，积极参与社会活动和中国老年人的总的生存周期的延长是密切相关的，比如说，和不参加社会活动的老年人相比，偶尔参加、每月参加、每周参加或者几乎每天都参加社会活动的老年人生存周期分别延长了42%、48%、110%和87%，所以，我建议所有的老人在退休后都能成为“社牛”。

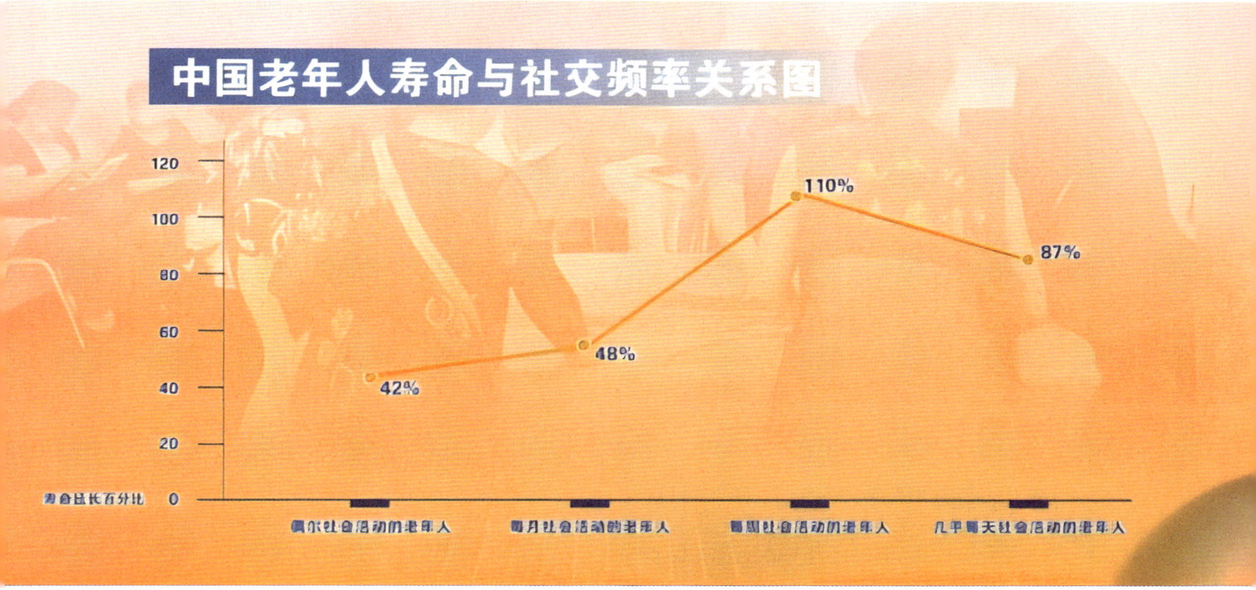

陈铭：

刚才这一段我准备把它剪下来然后发给我自己父母看，尤其是这个生存时长的百分比数据太有说服力了。邹院长，咱们的养老院是哪种性质？

邹倩：

我们还是公建公营，但是我们福利院如果全部收“五保户”的话，我们的床位就会有一些富余，因为农村这些失能的、留守的、独居的老年人的生活照料确实是一个很大的问题，所以我利用我们富余的床位资源在县上第一个开展社会代养业务，并取得了很好的社会反响，也为福利院增加了一笔经营收入，我也把这笔经营收入用作我们福利院的日常性的开支，让老人生活得更方便。

冷凇：

这个真的是要点赞湖北的政策，为什么呢？因为湖北省特困供养服务机构的管理体制的改革创新特别好，它探索调整了农村福利院的一个布局，这种模式也是一个可持续发展的养老院的经营模式。

陈铭：

冷教授您有没有听说过更有风格或者更特殊的养老方式？

冷凇：

我在英国留学两年，当时在英国看到电视台打广告打得最多的是一种金融养老方式，我们也可以叫“以房养老”，那个广告打得非常凶，广告内容是老年人退休了，没有年轻子女照顾，那么现在有点儿钱有点儿闲可以干吗呢？可以把房产抵押给金融机构，产生的利息每个月发给老人，让老人一直生活，到最后，这个房产就归金融机构了。或者是，你这个房产抵押到金融机构之后，我给你进行折算，比如你30年的生命周期、40年的生命周期，金融机构每月给你提现，你就用你有限的生命使劲花这个房子折现的提前预支的钱，但等到你百年之后房子归金融机构所有，这种情况现在也比较普遍，因为英国很早就进入到老龄化社会了。

陈铭：

那我也想问一问邹院长，我们院里的老人这个收费是怎么收啊？条件这么好会不会很贵？

邹倩：

我们是这样（收费）的，有两个部分，一个就是国家兜底的“五保户”，是国家出钱，能自理的一个月的护理费跟生活费是1310（元）、半失能的是

1410（元）、全失能的是2193（元）。如果说这个“五保户”到我们福利院来，那么钱就会打到我们福利院的公账户上，由我们负责他的衣食住行，就是全部包干。

陈铭：

这公建公营相当于是国家福利的一种具体的落实了。

邹倩：

第二个部分就是社会代养的老人，我们会按照他的身体状况进行评估，最低收1400（元）一个月，最高收到2800（元）一个月。基本上也是拎包入住，有的时候包都不用带，因为带来的东西可能也用不上。

张维为：

只能是这个乡的居民吧？

邹倩：

社会代养基本上是我们县里所有的（居民），范围扩大了。

冷凇：

所以邹院长，您那儿是市场化运营，您所有的利润都投入到对老人的照顾中，您运营得越好，这批原有的老人得到的福利待遇越高，这个循环多好啊。习近平总书记曾说："满足老年人多方面需求，让老年人能有一个幸福美满的晚年，是各级党委和政府的重要责任。"

陈铭：

我们刚才听到您说，咱们的老人是拎包入住，基本上是一个人住进去什么都不用操心，所以，在这样省心又幸福的环境下我听说有老人一住就是31年，是这样吗？

邹倩：

是的，那是我们（第）一代的院民，我们福利院是1992年开院的，他们就来了，现在都快90岁了。

冷凇：

人生的另一个家。

邹倩：

对，就是他的家。

冷凇：

您就是他的亲人。

邹倩：

哎呀，说实在话，又说到我们福利院那些老宝贝们了。

陈铭：

邹院长，（您）说到老宝贝们的时候好开心。

邹倩：

其实，我一直被我们的老人温暖着。有一次我身体不舒服，我们福利院有一个老人就过来了，他看到后，就自己跑到福利院的后山上给我采了一篮子野菊花，回来以后就气喘吁吁地跑过来跟我说："你把这个拿去泡水喝。"当时我觉得还很纳闷，后来他就慢慢地跟我解释，他说在他家里如果猪病了，他妈妈就用这个给猪泡水喝，猪就病好了。所以他看我病了，他就爬到后山上去给我采野菊花。在山上采野菊花应该是特别困难的，所以我当时听了，心里特别感动，这也是他表达爱的一种方式吧。

陈铭：

不知道为什么这个故事听着特别温暖，也有一丝搞笑，特别是那个可爱的小猪出现的时候，有一丝“萌萌哒”的感觉，但是那种质朴的赤诚的心意，我相信每个人都能感受得到。

冷凇：

您把老人当成自己的父母，老人也会把您当成自己的女儿。

邹倩：

有的老人就叫我女儿，要么就叫我倩，他不叫我院长，就叫倩或者女儿。

冷凇：

意思有点儿像小棉袄，女儿是小棉袄，有这样一个棉袄级的院长。

陈铭：

您笑起来的那种感染力和亲和力有过年的感觉，不知道为什么，就是觉得阖家欢乐。我听您的同事说，您在养老院还有一个称呼叫黄蓉妈妈。这个黄蓉妈妈我如果没记错，应该是《射雕英雄传》里面黄药师的妻子。她在里面有非常惊人的过目不忘的能力，看过一遍《九阴真经》就能一字不落地写下来，所以您也有这种本事吗？

邹倩：

其实不是啦。我来到福利院的时候，因为考虑到院里的老人多，每天发生的事情也多，有的时候我就想我能不能用一种方式来记录一下，这样对自己的工作也是一种梳理，提醒自己有哪些事情没做，哪些事情遗忘了，所以他们就送我了这个外号。

陈铭：

之前有过一个说法是，有一种努力叫作小鸭子式的努力，是指鸭子水面上看非常优雅，实际上脚一直在底下划水，就像您在跟他们交流的时候，看似过目不忘，其实背地里下了狠功夫。这份神秘的法宝现在已经在我们的真理档案箱之中了，您跟我一起来揭晓好不好？

陈铭：

那接下来，我倒计3个数，这一份属于黄蓉妈妈的神秘法宝即将面世了。3——2——1！辛苦您，让我们拿到桌边吧，也让教授们一起看一看。

邹倩：

每年年初的时候，我要写一个工作计划，到了年底，再写一个工作总结，这是当时2013年的时候我们的39位老人（的记录），还有从2017年起一直保存到现在的（记录）。

陈铭：

所以，这世界上哪有天生的过目不忘啊！看到这里1月24号农历十二月十三天气晴，有一句记载是“今天何兴国去世，为何兴国送行”，您还记得何兴国老人吗？那一天是什么样的情况。

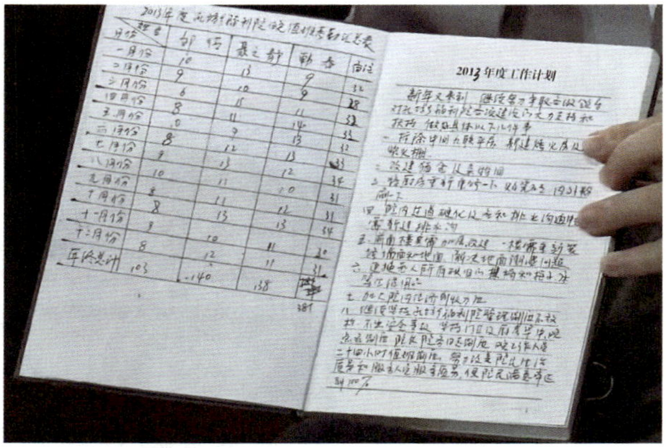

邹倩：

当时在他弥留之际，我就通知村委会和他的侄子过来看他，那时候，他就一直拉着我的手，眼睛里也是满含泪水，嘴唇抽动但就是说不出话来。在（他）去世以后，我就亲自给他把身上洗一洗，帮他清理了全身后给他换上寿衣，他的侄子过来了以后，我们再通知殡仪馆的车过来把他接走，我们所有的老人会自发地到院子里去为他送行，在这过程中所有的费用都是财政买单。跟他感情特别好的老人在看到车走了以后，会在后面哭得稀里哗啦，我们看着深受感动。

冷松：

（我）听完的感受是，在邹院长那儿，他们让老人走得有尊严，并且她能发动全院的老人去共同关心一个老人。因为老人有六十多岁刚退休的，也有八九十岁失能的，您让年轻的老人照顾更年长的老人，实际上就形成了一个大家庭的氛围。相信他侄子看到您最后以这么尊重的方式送完老人最后一程，他的内心也肯定是完全释然的。

陈铭：

因为何老人也是第一代的院民，所以和其他老人在一起拥有二三十年的相处时光，那些老人在分别时的哀伤，我能够切身地、近距离地感受到。我们能看到邹院长在描绘时嘴角一直挂着笑意，但是眼角有时会泛出泪花，因为她在这二三十年里是很幸福的，但我们心里其实知道，那也是离死亡最近的时光。其实，很多老人有的时候是在这些边缘不断地徘徊，但是又被您这样的笑容和这样精心的护理不断地拉回来，所以才有了这些幸福的累积。所以，我们也不能单纯地把那段时光理解成一个纯粹的幸福，因为，他们的心里除了孤独，也许还有恐惧，还有病痛的折磨，这些痛苦有的时候是需要这些笑来抹平，来抚慰的。

张维为：

听邹院长说这些，让我想起当年我们读《雷锋日记》，套用雷锋的话说就是对老人像春天般的温暖。这给人感触十分深刻。

在日本有一个概念叫老后破产，老后破产讲的不仅仅是财政上的破产，更主要的是感情上的破产，反映的是老龄化社会之后很多老年人极端的孤独，人际关系不像中国以和睦的家庭为本位。日本或多或少照搬西方模式之后，人与人间的关系变得非常冷漠。所以，我认为中国自己走出一条这样的道路会有全球的意义。

冷凇：

我还有一个感触是陪伴是最长情的告白，在中华文明探源中，大家都说这个百善孝为先。在甲骨文里，最早这个“老”字是长须发的人手拄着一个拐杖，我们可以理解为物质的支持。但是后来在甲骨文之后，从篆文到金文一直到楷书逐渐地演化成现在的“老”字。现在它下面这个勾是什么意思

呢？是一个少年在搀扶着你，从拄着拐杖到少年搀扶着你，表达出关心不再是冰冷的物质上的支持而更多的是陪伴。某种程度上，我们走向衰老的过程就是逐渐需要人关心、陪伴的过程。

（2023年）6月2日，习近平总书记（主持召）开的文化传承发展座谈会就是在我们中国社会科学院的中国历史研究院开的，那里面就讲到中华文明的“五性”（连续性、创新性、包容性、和平性、统一性），而我们接受西方的一些开放性的市场行为，包括邹院长那把市场和公办结合起来，这又是包容性又是创新性，是几性结合。

陈铭：

对了，邹院长，听说这一次，福利院的老年人知道您过来上节目还精心地带了礼物。

邹倩：

哎呀，他们真的比我还兴奋呢，他们编排了一个节目送给大家，也顺祝天下所有的老年人永远健康幸福快乐。

陈铭:

谢谢，真心地感谢邹院长的福利院的老年朋友们给我们带来的精彩表演，您福利院里所有的老人有一个共同点——无龄。没有人我能看得出年龄。

冷凇:

而且第一位胸前写“社恐”的，我看正相反，完全是“社牛”，如果说要“社恐”的话，那就是社交“恐怖分子”，走到哪都炸场，（他是一位）让大家都开心的好朋友。

张维为:

在我对世界各国的观察中，我特别注重人均预期寿命的数据。因为个案可能没有足够的说服力，比如邹院长这养老院办得特别好，有些养老院办得还不如邹院长这个，但是宏观数据它是真的能说明问题的。今天湖北的人均预期寿命和中国的人均寿命正好是一样的78.7岁，美国是76.2岁，中国的人均预期寿命比美国的人均预期寿命高两岁。

陈铭:

您说到这，我就想到一句话，一句中国的老话叫长寿是福，可能质朴的理解是长寿本身就是一种福气，但也许还有另一种理解，那就是长寿是福的结果，是一连串的福最后凝结而成的一串时间的长度。所以，刚刚我们看到为什么我们的预期寿命就是要比美国高2.5岁，我觉得答案已经呼之欲出了，就是因为生活中的心态、细节一连串的福报交织在一起，长寿最后是一个结果的呈现。真的很感谢邹院长让养老院的老人们把养老变成享老，把养老院变成幸福家，谢谢您今天的分享，谢谢邹院长。

从刚刚讲述的英山县孔家坊乡农村福利院的案例，我们可以看出，如果你没有钱养老你也不用担心，因为国家对特困老人有民生兜底，所以您一样可以安享晚年，当然如果您兜里很有钱，那您也没有什么好担心的，因为怎么养老其实都可以。真正难的是中等收入的普通人，比如我们常说的中产阶级困境。怎么养老的性价比最高？体验感最好？这是一个考验选择的时刻，下面让我们有请中南财经政法大学文澜讲座教授智慧养老研究院执行院长何泽仪教授为我们介绍普通人养老方案的最优解，有请！

陈铭：

何教授您好，欢迎何教授，请坐！

何泽仪：

大家好，我是来自中南财经政法大学的何泽仪。

陈铭：

刚刚我们聊到中产阶级的困境，关于普通人的养老的最优解，听说您能给我们带来一套方案，在您看来对于城市普通老人来讲，养老要考虑什么？

何泽仪：

对于城市普通老人来讲，养老考虑三件事。首先，考虑安全，一旦出现一些紧急情况需要有人立刻响应。第二，考虑健康，老年人有70%以上的比例有一种及以上的慢性病，比如糖尿病、高血压这样的慢性病，需要得到有效的医疗服务和健康管理服务。第三，考虑成本，老年人这个群体一定会很在乎性价比高的产品，所以真正的养老其实需要体现这三个特点。那么，在这个环境下，居家养老是城市普通老人养老的最优解。在此方向下，我们提出了一个概念，要做一个智能养老服务大脑，用人工智能的方式来提供更有效优质、性价比更高的一种养老服务。

陈铭：

说科技，就到了刚刚说的科技赋能，养老院虽然有诸多的好处，但是（机构养老）在绝对比例上依然是少数，所以对我们大多数的城市居民来说，居家养老是大前提，那么在这个大前提下科技该如何赋能？这是一个特别好的命题，刚才您提到了现在已经有了这样的成就，我们一起来看一看。

BOSS：

大家好，我是养老行业的幕后大boss，因为初来乍到还没有取好名字，大家就叫我boss吧。可能大家对我比较陌生，我就是你们现在看到的这个发光的大脑，《流浪地球》你们都看过吧，里面有一个人工智能系统叫Moss，就是那个会说话、很聪明、转来转去的摄像头，你们可以把我理解为养老领域的Moss，我跟他一样都很聪明、有超级算力可以为人类提供养老服务。

我从出生开始，就带着我的小弟在人类家里打工，全年无休24小时看护老人，只要他们遇到危险，我就会立刻挺身而出。举个例子，如果一位老人觉得心脏不舒服，设备所监测到的心脏数据就会上传到我这，我首先干的一件事情就是看一下他过去一个月的数据，看看这个数据对他来说有没有危险。如果对他来说有危险，那么我会在1个小时之内就发布一条指令给合作的第三方服务机构，也就是社区里的护工人员，护工就会立刻打电话询问老人需不需要上门服务，也就是说，我运行的核心逻辑就是解决人力不足的问题。

在我没诞生之前，按照国家标准，平均一个护理员照顾4到8个老人，我诞生之后，一个护理员可以看护社区的20到30位居家老人，人力成本大大减缩，大家再也不用担心没人照顾你养老了。

何泽仪：

事实上boss就像滴滴打车的系统一样，是一个中央大脑和信息系统，当你接收到需要提供车辆服务的时候，它会自动地完成这个指令，然后寻找到最近的车辆并下达任务导航给司机，所以司机只做最后的步骤，就是把顾客送到目的地去就行。

陈铭：

所以，现在司机就变成了护工，出行的需求变成了看护的需求，信息流转的效率一旦提高，背后所带来的结构性的改变是不可估量的。

何泽仪：

这些就是传说中的“小弟们”了，这是各种各样的传感设备。不过我们先在大屏上看一下boss是怎么工作的。boss作为养老服务智能大脑，它可以管理一座城，这个穹顶底下是我们在武汉管的一个社区，也可以管一个楼宇，也可以具体地管到一户人家。这是我们真实管的一户人家，你可以看见

首义小区
2503

老人正在行走。

在这个家里，你可以看到各种各样的智能设备，这些就是刚才boss的“小弟”，他们是我们在全球100多种智能设备当中选择出来的5到13款智能设备。我们桌上也带来了几款。第一个是在卫生间用，是一个非常小的设备，它是贴在马桶盖上的一个单线的红外设备，也是为了保护老人的隐私。

它可以判断老人如厕的次数和（时间）长度。老年人其实有非常多的肠胃道疾病，我们把这个装在老人的马桶上，它的数据直接就会传到boss上。我们在真实情况下，有一位陈爷爷有4天没有上洗手间了，通过这个设备，boss知道以后，就直接通知了护理人员，护工上门问陈爷爷是不是很久没有去洗手间，然后护工就会进行一些处理。这种事情，其实boss比家属甚至老人自己都更贴心。

说到现在，大家应该闻到了桌上的菜香。这套设备叫作智能营养照相机，它是为了监测老人的饮食情况的。

我们现在拍下照片后，就会得到这5道菜的营养素分析，它会讨论这些菜适合什么样的老人来吃，boss在后台不但会收集这些数据，还会把这个数据和体检的相应数据做一个对比，然后为老人（提供）配餐建议。

营养素分析结果

三大营养素占比分析

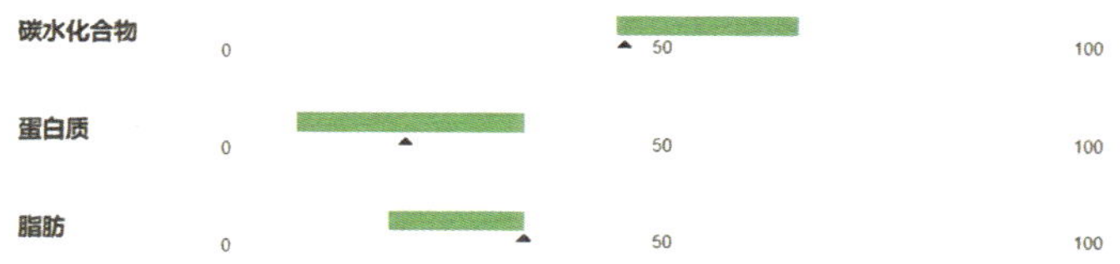

平衡膳食餐盘

本餐亮点

蛋白质含量高
适合人群：老年人、褥疮、手术后

老年人对蛋白质的需求增加。充足的蛋白质有助于维持肌肉量，防止骨质疏松。伤口愈合也需要蛋白质作为原料。充足的蛋白质有利于伤口愈合，加速恢复。

冷凇：

现在有一个最大的问题是很多老人都在吃自助餐，自助餐是没有限量的，吃多少心里没数，但是有了这样的智能营养照相机之后，就给老人提前限量了——让老人知道自己该吃什么。

陈铭：

这个小蓝盒在旁边很打眼，它有什么功用？

何泽仪：

这个小蓝盒是在紧急情况下给老人服务用的，叫作语音呼救机器人。

陈铭：

意思是直接对着它喊就可以吗？那我来试试：救命！救命！

小蓝盒：

好的！已收到！

何泽仪：

您看，当它接收到信息的时候，作为紧急联系人的家属或者护工就会直接接收到电话。

手机提示音：

何泽仪老人发出告警信息：“救命！救命！”

报警时间：2023年9月9日11点57分19秒

请您及时关注。

何泽仪：

我们要求小蓝盒在一分钟内有反应。当小蓝盒给反应的时候，它会有两个同步，第一个同步是紧急联系人会直接接到电话，会告诉联系人，老人喊的信息是什么。第二个同步是它会在我们的后台系统上显示出来，这样的话，街道居委会包括一些养老服务机构就会立刻反应过来。在打电话的过程中如果第一联系人没接到电话，那么就会打给第二联系人，它会循序渐进地打，直到有人接并且它会连拨两到三遍。

陈铭：

那它报警的准确率怎么样？

何泽仪：

有一位张爷爷，他把小蓝盒的设备装在了电视机旁边，我们发现张爷爷家那几天不知道在看什么电视剧，他不停地在喊救命。所以，为了面对这样的情况，我们就做了另外一件事，我们叫作多元融合识别系统，就是家里除了有小蓝盒还有别的一些设备，包括我们刚才讲的如厕的这个小设备，那么当小蓝盒收到“救命”信息的时候，我们会拿其他的设备来评估——这是boss在后台做的评估。

当时为什么对张爷爷没有直接派这个救护车去呢，是因为虽然他叫了救命，但是我们发现他叫救命半分钟之后就开冰箱了，又过几分钟他就去了洗手间。根据这些信息，boss做了中央判断，认为这个救命是一个假信号，所以护理人员就跟张爷爷打了个电话进行确认，发现的确是个假报警。在这个层面上，小蓝盒的正确率差不多是90%到95%之间。

冷崧：

太实用了，它是多场景的，而且我估计价格也不算贵。

何泽仪：

这个也就是两三百块钱，是我们现在实验室的成本。

陈铭：

这个并不是以营利为目的，更多的是关心老人的身心健康。我注意到这边还有一个床垫，我想问问何教授这里面有什么玄机？

何泽仪：

这个其实也是我们boss的一个“小弟”，这个智能床垫上我们做了一个很小的设备，只有这么大。它是一个很小的设备，我们把它加在了床垫上，上面再铺床单，这个设备的作用是评估老人的睡眠情况，它和后台系统是有关联的，上面会有体重、呼吸、打鼾次数、离床的次数等相关数据。boss非常聪明，既可以判断躺在床垫上的人有没有睡着，还可以判断在床垫上的是人类还是物品，避免误判。

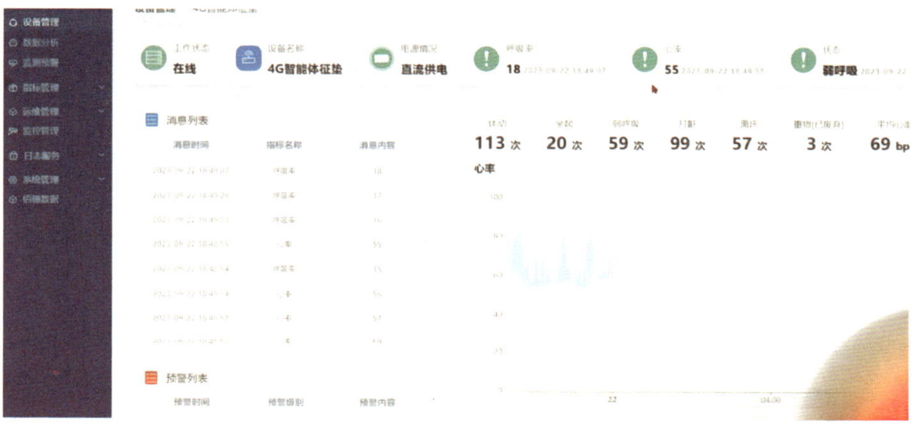

陈铭：

老人还很害怕摔倒，尤其是洗澡、如厕、站立、坐时，我们关于这个方面有没有一些预防的机制？

何泽仪：

有的，我们有一个小设备是摔倒检测设备，它的工作原理跟无人驾驶汽车的雷达是一样的，老人在摔倒之后有一系列很严重的身体伤害。所以，第一摔倒要早发现，第二要抢救及时。这个摔倒检测设备就提供了这方面的作用。

陈铭：

这是怎么监测呢？能体验一下吗？

何泽仪：

那得麻烦陈老师亲自摔一下，您就在这下方摔就可以了。

陈铭：

那我就直接摔了。

何泽仪：

您会看见，在后台系统上的模拟人也摔倒了。在真实场景下，它会一直追踪老人的运动，如果老人摔倒，那么后台系统上也会模拟摔倒。同时，这个影像也会提供给街道护工团队，他们就可以得到一个非常直观的反馈是老人摔倒了。这里使用的雷达叫毫米波雷达，它没有摄像头，因此它只能感知动作并不能监控你的行为，这是对老人隐私的一种保护。

陈铭：

我一个人的摔倒，换来了千千万万老人的安心。我觉得值得。这其实也是我们国家推行的家庭养老床位的其中的一个部分，就是智能化的改造。这种家庭养老床位的建设，其实也是两个部分，一个是在家中，我们刚才提到的两化——适老化和智能化的改造，也就是把家里改造成适合老人居住的这种状态。既适合居住，又有设备来进行智能看护。我们湖北在26个市县实行

了这种家庭养老床位。截至2022年底，一共完成了3.24万户的改造，我们计划在整个“十四五”期间，累计完成10万户的改造。老有所养、老有所依、老有所爱，我都羡慕老年人的生活了。

今天感谢两位的分享，谢谢何博士，那接下来我们把时间和舞台交给张教授，来听张教授与我们的分享。

张维为个人演讲

中国的养老事业贯穿着习近平总书记提出的以人民为中心的理念，这个理念，要求是所有老年人能够老有所养、老有所依、老有所乐、老有所安，这背后是中国人尊老爱幼的传统伦理价值观的延续和发展。早在2000多年前，儒家经典《礼记·礼运篇》里就提出了这样的观点：人不独亲其亲，不独子其子，使老有所终，壮有所用，幼有所长，鳏寡孤独废疾者皆有所养。

用今天的话说，就是人不止是敬爱自己的父母，不止是疼爱自己的子女，（而是）要使老年人能终其天年，中年人能为社会效力，儿童能健康成长，使失去配偶的老人、使幼年丧父的孩子、使老而无子的个人、使残疾人都能够得到供养。

2000多年前的中华智慧和传承使我们的社会远比许多其他社会更加温馨，更具有凝聚力。我一直说中国

是一个文明型国家。我们的文明既古老又现代，既传统又时尚，这种文化传承有利于我们各个年龄段的人群都能够安顿自己的身心。这也是中华文明能够延绵数千年而生生不息的主要原因之一。

总之，当我们今天讨论（如何）关爱老人，讨论如何做好养老事业的时候，我们仍然可以感受到2000多年前中华文明的灿烂智慧和光芒。它既古代又现代又非常人道，它值得我们国人的珍惜，也值得推荐给整个外部世界，推荐给国际社会。我今天就和大家分享这些。

扫一扫观看更多精彩

第7篇

绿色发展

——中国式现代化的湖北智慧

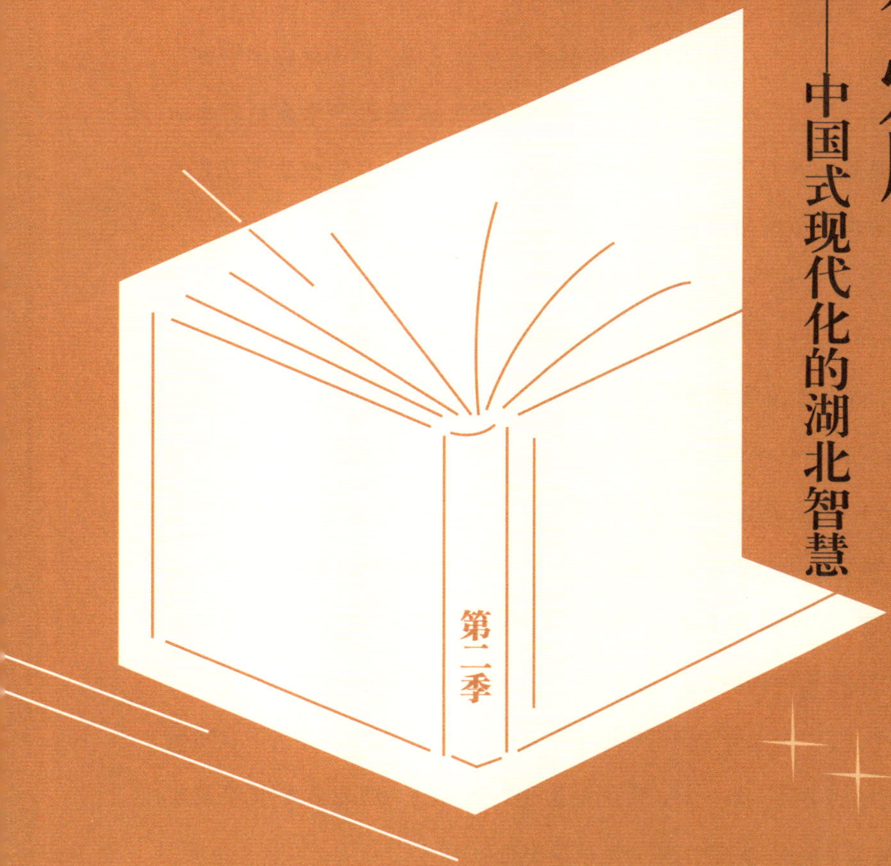

嘉宾介绍

桂建芳，中共党员，中国科学院院士，发展中国家科学院院士，博士。1982年和1985年在武汉大学获学士和硕士学位；1995年在中国科学院水生生物研究所获博士学位。现任中国动物学会副理事长、鱼类学分会主任委员、中国水产学会副理事长等。曾任中国科学院水生生物研究所两届所长和淡水生态与生物技术国家重点实验室两届主任，现为该所研究员。

长期从事鱼类遗传育种生物学基础和相关生物技术研究。系统研究多倍体银鲫的遗传基础和生殖机制，揭示银鲫独特的生殖方式及其演化的遗传机制；首创多倍体银鲫和全雄黄颡鱼遗传育种技术路线。培育出有重大应用价值的水产新品种异育银鲫“中科3号”和“中科5号”，合作培育出水产新品种黄颡鱼“全雄1号”和长丰鲫，创制出无肌间刺银鲫突变体。已在《中国科学生命科学》和《科学通报》等发表研究论文550多篇，其中SCI刊源论文350多篇，出版专著和研究生教材10部。已培养毕业博士和硕士以及出站博后共140多位，毕业的博士中获中国科学院院长特别奖1名、优秀奖5名。研究成果获国家自然科学奖二等奖1项（2011年）、中国科学院科技促进发展奖一等奖（2014年）等在内的10余个奖项，授权专利19项。个人荣获全国先进工作者、湖北省科技突出贡献奖和何梁何利基金科学与技术进步奖等荣誉近20项。

张启发，中共党员，湖北公安人。现任华中农业大学生命科学技术学院教授、博士生导师。中国科学院院士，美国科学院外籍院士、第三世界科学院院士。美国洛克菲勒基金会水稻生物技术国际合作计划科学顾问委员会委员。2018年在第三届“未来科学大奖”中荣获“生命科学奖”。

顾泽茂，中共党员，华中农业大学双水双绿研究院院长、水产学院教授，博士生导师，水生动物医学系主任，中国鱼病学会理事，国际原生动物学会会员，教育部新世纪人才计划、湖北省杰出青年基金、武汉市“3551”人才计划获得者。

鲁蒙，中国科学院水生生物研究所博士后。入选中国科协“青年人才托举工程”，“中国科学院特别研究助理项目”以及“武汉英才”优秀青年人才项目，主持国家自然科学基金委青年项目，中国博士后基金面上项目等。获2022年度中国动物学会长隆奖“启航奖”。研究方向为鱼类遗传育种学，以重要经济鱼类鲫作为研究对象，揭示倍性变化驱动鲫生殖方式转换和克隆多样性形成的演化机制，首次发现并

定义“无减数融合”生殖方式，开发和建立多基因组融合重构的育种技术，精准且“育性可控”的多倍化育种技术。近3年，以第一作者在*Molecular Biology and Evolution*, *Science Bulletin*（封面文章）等重要期刊上发表论文，作为重要完成人培育了水产新品种异育银鲫“中科5号”。

刘四田，中共党员，云梦县四季长青蔬菜种植专业合作社理事长，湖北梦之芹蔬菜合作联社总经理，从事蔬菜产供销近30年。合作社成立于2013年，2019年产值1270万元，辐射带动3万多亩标准化绿色蔬菜生产，帮扶贫困户40多户，户均增收1.5万元以上。新冠疫情防控期间捐款捐资，积极承担生活物资保供重任，配送蔬菜460万斤，被市民评为良心菜，得到各级政府的高度赞誉和表彰，合作社被评为省级示范合作社，2019年荣获神内基金农技推广奖。

引子

强国必先强农，农强方能国强。作为全国粮食生产和重要农产品供给的保供区，湖北省深入践行“绿水青山就是金山银山”理念，加快推进农业发展绿色转型，促进农业产业融合发展增效提质，谱写了农业农村现代化新篇章，农业强省建设“绿”意盎然。

本集内容

陈铭：

农业强国是社会主义现代化强国的根基。满足人民美好生活需要、实现高质量发展、夯实国家安全基础，都离不开农业发展。

如果说湖南人离不开辣，江苏人离不开甜，那湖北人离不开的是水、是鱼，作为一个地道的湖北人，我要请两位贵宾来吃鱼，不过这个鱼有一点特别。

我要为两位教授介绍一下，这鱼可不是自己游上桌来的，是中国科学院水生生物研究所的鲁蒙博士带给大家的。

鲁蒙：

这条鲫鱼，它是由我们中国科学院水生生物研究所培育的鲫鱼新品种，它的名字叫作异育银鲫“中科5号”。现在，其实大多数养鱼的地方都有这种鱼。它是在我的老师、中国科学院院士桂建芳先生的带领下，在2018年的时候培育成功的。桂老师专注鱼类遗传育种学研究40年，他经常说的一句话，

就是要让中国人都能吃得起鱼。

陈铭：

这个鲫鱼“中科5号”的目标是中国人都吃得起鱼，这句话要怎么理解呢？

鲁蒙：

我想这个问题就由我的老师、中国科学院院士桂建芳先生来亲自为你们解答吧！

连线第二现场

陈铭：

桂院士，您好！您说让每一个中国人都吃得起鱼，这句话当时是在一个什么样的环境下说出？这句话又有什么样的含义呢？

桂建芳：

那是20世纪80年代中期，我刚到中国科学院水生生物研究所工作时说的。与现在相比，那时的鱼价很贵，就我研究的鲫鱼来说，如果达到（每条）半斤以上，价格就要7至8块钱一斤，那个时候刚刚毕业参加工作的我月工资60多元，虽然在同龄人中工资不低，但也仅够买七八斤鱼。这个时候，我就下定决心要培育出生长更快、品质更优的鲫鱼新品种，提高养殖产量，一定要让老百姓吃得起鱼。

我是从1985年起开始系统地试验研究。为了评估鲫鱼的种质资源，几乎走遍了全国的大江大湖，每天行程几百公里，从一个湖泊赶到另一个湖泊，下车后收集鲫鱼，马上进行数据测量。我们培育的新品种异育银鲫“中科3号”，

与普通级异育银鲫相比，生长速度提高了百分之二十以上，再就是体型瘦长、出肉率也提高了百分之六左右。2018年培育的新品种异育银鲫“中科5号”与“中科3号”相比，饵料利用率较高、抗病力较强。今天很遗憾我没来到节目现场，为此，特意委托了我们团队成员，来让大家一起品尝我们培育的鲫鱼。

互动 吃鱼

陈铭：

这个（鱼）长速更快、肉质（出肉率）量更大，而且抗病能力更强，这鱼是从咱们武汉远道而来，运到节目的录制现场。而且就是刚刚，就在我们（录影）棚旁边食堂做的，新鲜出炉，肉质真好。张教授，这个味道怎么样？

张维为：

非常好，鲜美可口！

陈铭：

作为湖北人，您本身也很爱吃鱼吧？

鲁蒙：

对，我非常喜欢吃鱼。

陈铭：

是的，鲫鱼很香，鱼肉鲜美。这大家都知道，但是也有个问题，是我从小遇到的烦恼，有时候容易卡喉咙，鲫鱼的刺确实有点多，而且它很细，在那个肌肉之间那种Y字形，这个有没有什么技术能够解决一下？

鲁蒙：

您提的这个问题，其实也是大家最关心的一个问题——鲫鱼味道鲜美就是刺太多了。现在，我们完全可以通过基因编辑技术，而且已经实现了通过基因编辑技术成功地把鲫鱼体内那80多根，我们叫肌间刺，就是您刚才说的那种Y字形的小刺，把它去除掉了。

陈铭：

这个基因编辑就可以这么精准地让肌间刺不见了？

鲁蒙：

对，这个真的解决了我们吃鲫鱼卡脖子（喉咙）的一个问题。

陈铭：

但是我们现在面前这个“中科5号”还不是，是吗？

鲁蒙：

对，所以敬请期待我们的下一个品种。

陈铭：

但是这个还没有发布，我们叫中科X号。这个太重要了——没有肌间刺的鲫鱼。我们在这聊的同时呢，我们的云上学习团也反响热烈，我们来听听看同学们有没有什么问题想要问桂院士。

云上学习团

问题：

您好，我是来自华中师范大学的王冲，刚才听到您说，您研究出来的鲫鱼新品种，也就是经过改良之后的无肌间刺鲫鱼，那吃起来肯定是更加方便了，但是这种鱼它安全吗？这种食品的安全性是怎么得到保证的呢？因为我个人还是有一点儿心虚，所以想听听专家的解答。

桂建芳：

无肌间刺的鲫鱼是采用基因编辑技术培育的，其实编辑基因与编辑文章相似，通过改变基因上一两个碱基，让控制肌间刺发育的基因不表达，不发挥功能作用，肌间刺就长不出来了，基因编辑技术比20年前的基因转移、基因工程应该更加安全，技术本身对有机体的改变更少，且这种改变又更加定向、有效。基因编辑技术目前在农业、医学等领域均取得了较快的应用，我们的无肌间刺鱼就是想通过生物技术的进步，通过基因编辑尽量减少鱼刺，甚至没有肌间刺，让老百姓更放心更安全地吃鱼。

陈铭：

所以，它跟之前我们说，比如说草鱼的基因跟鲫鱼的基因的这种结合还不一样？

鲁蒙：

不一样。

陈铭：

它（仅）是针对鲫鱼本身的基因来展开编辑？

鲁蒙：

对，而且这个技术完全可以扩展到更多的淡水鱼里面。

陈铭：

还有一个逐步推广的过程，这我们就放心了，我们云上学习团的朋友们也可以放心地开吃了。

陈铭：

过去我们谈到种子安全，自然而然地会想到农作物的种子，但其实还有一类种子也很重要，那就是渔业种子。种子被誉为是“农业芯片”，是发展现代农业的关键，习近平总书记对种子的“中国芯”，十分重视。

储峰：

端牢中国饭碗，良种是关键。习近平总书记高度重视种源安全和种业振兴。他讲到，保证粮食安全，必须把种子牢牢攥在自己手中。要坚持农业科技自立自强，从培育好种子做起，加强良种技术攻关，靠中国种子来保障中国粮食安全。

陈铭：

没错，临渊羡鱼不如退而结网。时代虽然在变，但总有一些古人的智慧依然传承至今，比如说湖北，湖北是楚文化的发源地。楚国地处南方，气候湿润，境内河流湖泊众多，所以不仅适宜水稻的种植，肥沃的土地资源还能生长出各色的蔬菜。作为"楚国人"，我们的饮食一方面是把稻米作为我们的主食，但同时我们的葵、藿、韭、葱、藕、笋、芥、芹、芋、菘，有非常多蔬菜的搭配，应该说是色香味俱全，让人味口大开，湖北自古就有种菜的特长。今天，湖北云梦有这么一位种菜大户，大户到什么程度，邻居、乡里乡亲称他为"菜博士"（打引号了，不是真正的博士），是种菜种得太厉害了，种出了博士的感觉，听说他这一种就是整整30年。他就是湖北省云梦县隔蒲潭镇陈刘村四季长青蔬菜专业合作社理事长刘四田。

陈铭：

刘大叔，您好。30年了，大家都称呼您为"菜博士"。我听说过一个说法，说没有"菜博士"种不好的蔬菜，我听说这份秘诀啊，您也带来了，就在我们的真理档案箱之中。

真理档案箱——日记本

刘四田：

我从读书的时候就养成了记日记的习惯，包括以后走向社会，包括以后的工作都进行了记载。

陈铭：

这（日记本）上面第一句话："人生到底包含着什么？又到底该怎样去看待它？想不通。"我喜欢最后这三个字，每个人都想过这个问题，想不通。

明白了，您又在田园里，又是个诗人，您是我们新时代的"田园诗人"。

刘四田：

诗人谈不上，喜欢写一些打油诗。

陈铭：

这不是打油诗，这是非常标准的现代诗。也想问问我们"田园诗人"，您种菜30年，现在跟过去有哪些变化？

刘四田：

我们在2013年成立了四季长青蔬菜种植专业合作社，目前有192个农户加入我们合作社，还有14个家庭农场，还有一些种田大户，通过我们合作社的带动，我们亩产新菜六吨以上，每一亩的产值接近万元，蔬菜销售到武汉、杭州，还有河南、广东，包括北京的新发地市场。

陈铭：

张教授发现吃的鱼、吃的菜，全是咱们湖北来的。

刘四田：

乘着国家对蔬菜产业的扶持这个东风，在2014年的时候我们产值是140

万，但是2022年我们的产值达到了1472万，是过去的10倍还要多。

陈铭：

我看您给我们带来的这个是南瓜？这里边有好多我都不认识。

刘四田：

这都是南瓜，我们的基地种了很多的南瓜。有奶香南瓜，这个南瓜你吃的时候有一种奶香味，蒸的时候一揭锅就闻到奶香的味道，所以叫奶香南瓜。这是上海惠和种业研究出来的，我跟他们经常合作。还有娃娃蜜。它为什么叫娃娃蜜，因为它很甜，看上去很小，它在蜜本南瓜面前就是个娃娃，所以叫娃娃蜜。它的含糖量在14%左右，它做蒸南瓜就不需要加什么糖了，像现在糖尿病人，他不能吃糖，但是呢，这个南瓜就可以满足他对糖的嗜好，满足他对甜的需求，还能够调节和缓解糖尿病的症状。

陈铭：

咱们中国人对于种菜的那种热情是骨子里的。我之前也发现了这个特点，就是我们家里老人，现在家里旁边有一点儿院子，但凡有一块地，不种不舒服，心里这关过不去，荒着不好吧。城市里阳台很多都种了，哪怕是几株韭菜、葱。也不指望说它能种多少钱，但是看着绿油油地成长，就好像有一股我们骨子里、文化基因当中的一种成就感。我们相信只要辛勤耕耘，土地就一定会给予我们丰厚的馈赠，这是我们最质朴的一种公平的观念。所以播种、劳作、收获，一代又一代人依靠土地来成长，这不就是回答了1992年的时候，您自己提出的那个问题？您说人生的意义到底在哪里？意义就在开心幸福地过好每一天，种好身边的每一块地。那您现在觉得现在的农民跟当初有没有什么区别？

刘四田：

现在的农民，你不仅要懂技术，你还要会管理，善经营。我们种好田首先必须要依靠科学，像我们基地680亩（土地）现在还安装了“水肥一体化”的设施。

我们基地就有3套精细化管理的设备，以前我们是灌溉作物，现在是喂养作物，像养孩子一样，比如说它需要氮，我们就给它补氮，需要钾，我们就给它补钾，智能化控制。它对水的需求我们都能精准地把握，这样不仅仅能够节水节肥，而且省工，增加产量，我们蔬菜的品质也得到很大的提升。

张维为：

国内开始采用的这个滴灌的技术，是从以色列借鉴的，以色列全是沙漠，它农业发展得相当不错。我去做过调研，但不是调研农业，我调研其他问题，但我看到它的一些做法。它这个农业，农产品的出口是他们一个主要的出口类型，它的"水肥一体化"的技术用得非常好，在沙漠上也能种庄稼。我还去过阿联酋，他们跟我讲，说那一栋楼里面立体式的，就是种庄稼，也是智能化的，这个很厉害。我们要是以后沙漠、戈壁、盐碱地也能够种植水稻，或者其他的一些农作物的话，那整个中国的土壤资源的利用可能要再上一个台阶了。

储峰：

我觉得可以用习近平总书记的一段话来进行一个概括，总书记要求，要以解决好地怎么种为导向，加快构建新型农业经营体系，以缓解地少水缺的资源环境约束为导向，深入推进农业发展方式转变，以满足吃得好吃得安全为导向，大力发展优质安全农产品。

陈铭：

通过跟刘四田的沟通和交流，我完全刷新了现在对农业的认知，对种菜的认知，还有对您这样（一位）农业工作者的认知。（农业）绝不仅仅是一个体力活，它是一个科技活，是一个知识活，农业人才都是技术人才。在我们华中农业大学就有这样两位特别的人，我们称之为"水稻院士"，另一位我们叫"虾教授"，看似是互不相干的两个领域的"大拿"，但是用一种超越我们想象的方式，跨界破圈走到了一起。

短片1画外音

顾泽茂：张启发院士是从事水稻研究的，而且张院士一直有一个想法，就是从事我们的绿色超级稻。

张启发：绿色超级稻就是少打农药少施化肥，这个项目的成果要落地的时候非常困难，因为农民在种植水稻过程中，可能还是按照传统的模式，比如说农药化肥使用，过去小龙虾养殖的时候，它也有一个不绿色的问题，生了病就用药。

顾泽茂：小龙虾对农药化肥非常敏感，很容易死亡。我告诉张院士，稻田里可以通过小龙虾达到绿色效应，（通过）这我们看到了机遇。

张启发：如果不养这个小龙虾，水稻绿色不了，不到水稻田里小龙虾也绿色不了，这样一弄，两个都绿色了，现在跑到一块田里来了。

陈铭：

院士这么一说呀，把我给说迷糊了。这小龙虾到底是红色还是绿色，我感觉我有点儿红绿色盲，红色是物理颜色，绿色可能是心理颜色，是我们对它的价值判断。这是安全环保优质无污染的好小龙虾，而且我们也没想到水稻跟小龙虾看起来这么遥远的一个动物和一个植物，以如此奇妙的方式走到了一起，实现了双绿。接下来将由华中农业大学双水双绿研究院院长、水产学院教授顾泽茂给大家科普。

互动 吃黑米

陈铭：

这个米您看它光泽性是非常好的，颜色非常漂亮，有一股跟普通米饭不一样的清香，香气就非常棒，在吃的过程当中，外面是脆脆的一个外壳，里面却又是糯糯的感觉。

顾泽茂：

我们用四个字说，“香、甜、软、糯”。吃的时候，为什么说它有一种香味，其实煮的过程中它还有各种不同香味飘出来。

陈铭：

确实，它有一点点儿玉米，还有点点儿芋头的那种香味，不仅仅是米饭，就感觉有前调、中调、尾调的那种感觉。

顾泽茂：

在整个过程中，它的香气是随着稻米里面的成分不同，而逐渐释放出来的。这个米就是一种全谷米，因为我们平时吃的米是白米。在以前的话，我们说大家种粮食是为了吃饱肚子，然后要增加体能，但是现在随着我们国家越来越富强、经济越来越好、人民越来越幸福之后，其实大家会感觉一个问题，吃白米大家（会）觉得是一种负担。现在大家越来越注重这种健康效益，所以我们的白米为了满足口感，可能加工过程中，比如说我把外面的一层保护物，这种种皮层、胚芽层全部给加工掉了，然后在吃的时候就感觉碳水化合物太高，这个时候大家吃的时候感觉，我的血糖、体型的要求会高了。但这个米呢，它是一种全谷米，它只是把外面一层壳去掉了，它把我们的矿物元素，还有我们的维生素、胚芽，全包在里面，所以你感觉它有种油光油光的感觉，实际上是一种不饱和脂肪酸，还有维生素。

短片2画外音

两千多年前，古代的农业“大佬们”就开创性地发明了稻田养鱼。如今的江汉平原更是因地制宜，站在古人的肩膀上，发展出“稻蛙”“稻鳝”“稻虾”等自定义组合！近年来，夏日顶流“小龙虾”的爆火，让“稻虾”组合晋升为农户喜爱榜Top1。

“稻虾”组合虽然出道即巅峰，但神秘的“种养殖复合生态链”舞台的飞速升级，倒逼这对人气组合引进新成员。“稻鸭虾”天团呼之欲出！

“稻鸭虾”组合应运而生，默契配合，爆发了生态系统“小宇宙”！“卷王打工鸭”听到上工钟声，开始在田间地头愉快舞蹈，踩踏限制了杂草的生长、残余小虾是它们补充能量的零食，鸭臭臭还能给农田肥力“充电”。

在“打工鸭”的艰苦努力下，田好，水好，产品好！“稻鸭虾”组合终于C位出圈！

陈铭:

在稻田里有一群可爱的鸭子,而且鸭子吃小龙虾的速度感觉倍儿快,一口一个,这鸭子在里面不把小龙虾都给吃光了吗?这怎么弄呢?

顾泽茂:

你看到的只是鸭子的一个面,其实它还有更重要的作用。

顾泽茂:

但是稻田里面还有一个问题没解决,是什么呢?杂草。那农民怎么办?会用到除草剂,除草剂在里面,用完之后其实对我们来讲的话,也是有一些影响的。所以,我们做了一些试验,我们用了草鱼,用了鱼去吃草,但是这个水太浅了,草鱼干不掉它(杂草),后来有一次在调研的过程中,就发现有人在放鸭子。那田里草很少,我们就想虾稻连作和稻鸭共作把它结合起来,这就是虾—稻—鸭—虾模式。那鸭子进去做什么呢?它的功能就是除草、除虫、除杂、薅秧。

陈铭:

我还担心鸭吃虾怎么办?

顾泽茂:

我们给它做了一个非常好的设计。一般水稻大概在9月下旬或10月上旬收割,我们会给这个稻田里面,留个40到50公分的这个稻桩,然后这个时候,小龙虾从洞里面就出来了,出来之后它就开始孵化虾苗,虾苗在稻田孵化完了之后,我们就开始养虾,养虾养到3月份、4月份、5月份、6月份,到6月份的时候,我们大部分的虾其实都上市了,然后6月份开始插秧,我们让它生长一段时间,大概长到15天左右,长好了,我们就把鸭子放进去,放的鸭子是小鸭，小鸭在里面就开始随着秧的生长而慢慢生长，它在里面活动也是空间上的利用。

陈铭：

稻利虾，鸭又利稻，而且在时间上又彼此错开，农民朋友们一年都有事干，一年都有收成。

储峰：

习近平总书记在中央农村工作会议上强调，建设农业强国要体现中国特色，立足我国国情，立足人多地少的资源禀赋、农耕文明的历史底蕴、人与自然和谐共生的时代要求，走自己的路，不简单照搬国外现代化农业强国模式。要依靠自己力量端牢饭碗，依托双层经营体制发展农业，发展生态低碳农业，赓续农耕文明，扎实推进共同富裕。

绿色发展是我们高质量发展的前提，高质量发展首先就是绿色发展，如果离开了绿色发展，也就谈不上高质量发展。

张维为：

习近平总书记这段话我觉得特别好，就是不能照搬其他国家的农业模式。我们现在农村人口占到我们（全国）人口的40%左右，这就是我们的国情，但这个又展现中国农耕文明延续下来的精彩的一面，这就是我叫“文明型国家”独特的特点。

陈铭：

所以在条件迥异的情况之下粗暴地、照搬照抄这条路是行不通的。立足于各个地区的具体实践来摸索最适合的道路，这恰恰是顾教授，是张院士，是大家一众科研人员一直在做的事。其实，这个过程中，我们对农药化肥，包括除草剂的使用减少之后，不仅是对食品的安全，实际上对环境也非常友好。我们张启发院士是洪山实验室主任，在成立这个实验室的时候，他讲了一句话：“我们洪山实验室的目标是提供对人类和地球都健康的食品。”

储峰：

习近平总书记也谈到，杀鸡取卵、竭泽而渔的发展方式走到了尽头，顺应自然，保护生态的绿色发展昭示着未来。

陈铭：

农业的现代化，一方面是生产力的现代化，另一方面是生产关系的现代化。最后，我们希望张教授帮我们具体阐释一下中国实现农业强国的意义。

张维为个人演讲

中国人有民以食为天的古训，有民本主义的文化传承，（有）以人民为中心的发展理念，从毛泽东同志到小平同志，到习近平总书记都高度重视解决人民的温饱问题，高度重视农业的发展。2018年习近平总书记在黑龙江调研农业发展的时候就指出，中国人的饭碗，任何时候都要牢牢端在自己的手上。他也进一步指出，农业现代化的关键是农业科技现代化。通过数十年的不懈努力，现在我国农业科技创新已经整体上迈入了世界第一方阵。

从湖北展望全国，科技赋能推动农业现代化的成功案例比比皆是。从我们看到的数据，近年来，中国科技进步对农业的贡献率保持在60%以上。比方说，北斗导航等技术赋能农业生产，现在很多地方我们都能看到农机手驾驶着北斗导航的播种机，将小麦种子和肥料均匀地播撒在土壤里，不仅农田作业操作精准，而且人工成本也大幅下降。数据显示，北斗系统已全面赋能中国农业生产，2022年从农耕到夏收、秋收装有北斗终端的国产农机，有效提升了农业生产的效率。

大家都知道种子（被）比作是“农业的芯片”，中国是世界第二大种子需求国，种业市场规模超千亿元。经过多年持续攻关，中国种业科技水平也在稳步提升。截至2022年底，中国收集保存的农作物物质资源总量突破了54万份，包括一大批珍稀濒危资源，有力地支撑了作物育种和农业科技创新。在国家层面，国家已经组建了50来个国家现代农业产业技术体系，组建了47个国家重点实验室，100来个农业科学观测检验站，取得了一系列的积极的重要的成果。

当然，我们前进的路上也面临不少挑战，特别是种业的科技创新、智能农业等不少方面，但我们已经摸索出了农业高质量发展之路，我们一定能够在这条道路上取得更多的、更加辉煌的成就。

陈铭：

对于我们很多年轻朋友来说，饥饿已经是一个非常遥远的记忆了——想吃什么街边随处可买。走进了超市，一眼望不到边的丰富无比的食物储备，让我们有时候会产生一种错觉，生活一直都是这样。其实并不是，在整个中华民族的历史上，长达两三千年的时间里，可以毫不夸张地说，中华民族是伴随着饥饿成长起来的民族，正是因为有这样挥之不去的饥饿记忆，我们对于田、对于粮食的储备才如此看重。粮食的重要性，饿肚子的时候就知道了。

农业强不强，农村美不美，农民富不富，会决定全面小康社会的成色和社会主义现代化的质量。让我们扬帆起航，向着实现中国式现代化奋力前进。

扫一扫观看更多精彩